Josef Felix Pompecki

Die Trilobiten-Fauna der ost- und westpreussen Diluvialgeschiebe

Mit 6 lithographierten Tafeln

Josef Felix Pompecki

Die Trilobiten-Fauna der ost- und westpreussen Diluvialgeschiebe
Mit 6 lithographierten Tafeln

ISBN/EAN: 9783743412057

Hergestellt in Europa, USA, Kanada, Australien, Japan

Cover: Foto ©berggeist007 / pixelio.de

Weitere Bücher finden Sie auf **www.hansebooks.com**

Beiträge zur Naturkunde Preussens

herausgegeben

von der

Physikalisch-Oekonomischen Gesellschaft zu Königsberg.

7.

Die

Trilobiten-Fauna

der

Ost- und Westpreussischen Diluvialgeschiebe

von

J. F. Pompecki.

Mit 6 lithographierten Tafeln.

Königsberg in Pr.
In Kommission bei Wilhelm Koch.
1890.

Vorliegende Arbeit soll den Zweck erfüllen, den Sammlern von Diluvialgeschieben unserer Provinzen ein bequemes Hilfsmittel zur Bestimmung der in denselben gefundenen Trilobiten zu liefern. Sie soll es dabei überflüssig machen, auf die bisher zum Bestimmen dieser Trilobiten unumgänglich notwendigen Specialwerke zurückgehen zu müssen, welche sich der Sammelnde in der Regel nicht anzuschaffen vermag. Sie soll also, indem sie auf solche Weise das Bestimmen der gefundenen Dinge ermöglicht, überhaupt zum weiteren Sammeln anregen.

Um dem gedachten Zwecke vollständig zu dienen, sind neben genauen Beschreibungen sämmtlicher, mir aus unseren Geschieben bekannten Trilobitenformen, soweit es irgend thunlich war, auch Abbildungen aller Formen gegeben.

Das Material, auf welches ich meine Untersuchungen stützte, gehört den Sammlungen des Mineralogischen Instituts der Universität Königsberg, des Provinzial-Museums zu Königsberg, der Herren Dr. Vanhöffen-Wehlau, Dr. Gagel-Königsberg, Dr. Kiesow-Danzig, Lehrer Zinger-Pr. Holland und Konrektor Seydler-Braunsberg.

Zu ganz besonderem Danke für Unterstützungen bei der vorliegenden Arbeit bin ich verpflichtet:

Dem Direktor des hiesigen Mineralogischen Instituts, Herrn Prof. Dr. Branco, welcher mich mit der Ausführung der vorliegenden Arbeit betraute und mir in liebenswürdigster Weise die Sammlungen des Mineralogischen Instituts zur Verfügung stellte. Herrn Prof. Dr. Branco verdanke ich ausserdem vielfache Unterstützungen bei der oft sehr schwierigen Beschaffung der einschlagenden Litteratur;

Herrn Prof. Dr. Jentzsch, durch welchen mir die reichhaltigen Sammlungen und die wertvolle Bibliothek des Provinzial-Museums zu Königsberg zugänglich wurden;

Herrn Prof. Dr. Chun für die Ueberweisung der Litteratur über Trilobiten aus der Bibliothek des hiesigen Zoologischen Instituts;

Ferner den Herren Dr. Vanhöffen, Dr. Gagel, Dr. Haase, welche mir ihre Unterstützung in dankenswertester Weise zu teil werden liessen; den Herren Dr. Kiesow, Lehrer Zinger und Konrektor Seydler, welche mich ihre wertvollen Trilobitensammlungen benutzen liessen.

Herr Prof. Lindström in Stockholm war so liebenswürdig, mir auf mehrere an ihn gerichtete Fragen in bezug auf einzelne zweifelhafte Geschiebe und Arten gütige Auskunft zu erteilen, wofür ich ihm an dieser Stelle meinen wärmsten Dank ausspreche.

Königsberg, im Juli 1890.

Die Trilobiten der palaeozoischen Diluvialgeschiebe der Provinzen Ost- und Westpreussen sind bereits mehrfach in der Litteratur der Geologie und Palaeontologie der Norddeutschen Tiefebene erwähnt worden. Ausser den Arbeiten von Jentzsch[1]) Nötling,[2]) Römer,[3]) Kiesow,[4]) welche die Trilobiten nur insoweit berücksichtigten, als

---

1) Jentzsch: „Uebersicht der silurischen Geschiebe Ost- und Westpreussens." Zeitschr. d. d. geol. Ges. 1880. Bd. XXXII.
2) Nötling: „Die Cambrischen und silurischen Geschiebe der Provinzen Ost- und Westpreussen." Jahrb. d. K. pr. geol. Landesanstalt 1882. pag. 261 ff.
3) Römer: „Lethaea erratica." Dames u. Kayser. Pal. Abhandl. Bd. II. 1884—85.
4) Kiesow: „Ueber Sil. u. Devon. Geschiebe Westpreussens." Schr. d. Naturforsch. Ges. z. Danzig. N. F. Bd. VI. H. I.

sie zur Alters- und Heimatbestimmung der einzelnen Geschiebe wichtig sind, erschien im Jahre 1874 eine Arbeit Steinhardts,[1]) welche sämtliche, damals aus dem Gebiete unserer Provinzen bekannten Trilobitenformen umfasste. Die Arbeit Steinhardts kann heute, nachdem die Erforschung der russischen und skandinavischen Trilobitenfaunen durch Schmidt, Holm und Lindström so wesentlich gefördert ist, kaum mehr als ausreichendes Hilfsmittel zum Bestimmen unserer Trilobitenformen genügen. Ausserdem ist seit dem Erscheinen der Steinhardt'schen Arbeit das Trilobitenmaterial aus den Geschieben unserer Provinzen so erheblich angewachsen, dass wir jetzt eine Fauna von über 140 Formen haben, währendt Steinhardts Arbeit nur 49 Arten enthält.

Der Gang der vorliegenden Arbeit soll nun der sein, dass im Anschluss an Nötlings Geschiebearbeit in einem „Petrographischen Teile" diejenigen trilobitenführenden Geschiebe einer Betrachtung unterzogen werden, welche mir seit dem Erscheinen von Nötlings Arbeit als neu bekannt geworden sind, resp. solche, deren Verbreitungsbezirk sich durch neuere Erfunde als ein anderer erweist, als der von Nötling angegebene.

An diesen „Petrographischen Teil" knüpft sich der „Palaeontologische Teil", in welchem die sämtlichen, mir bekannten Trilobitenformen aus unseren Provinzen untersucht und beschrieben werden. Die Familien der Phacopiden, Cheiruriden, Lichiden, Illaeniden konnten mit Hilfe der wichtigen Arbeiten Schmidts[2]) und Holms[3]) ohne grössere Schwierigkeiten bearbeitet werden; bei anderen, so namentlich bei der Familie der Asaphiden, über die es bis jetzt eine zum Teil nur mangelhafte Litteratur giebt, sah ich mich mehrfach genötigt, neue Arten aufzustellen.

In bezug auf das Alter der Trilobiten kommen in den Provinzen Ost- und Westpreussen nur Geschiebe vom Alter des Cambrium und Silur in betracht. Eine einzige typisch devonische Form, Phacops latifrons, liegt mir in einem angeblich aus Ostpreussen stammendem Stücke vor; doch da mir aus den Heimatsgebieten unserer Geschiebe weder diese Form, noch ein derartiges Gestein, wie das des betreffenden ostpreussischen Stückes bekannt ist, erwähne ich diese Art nur mit aller Reserve. (S. S. 9.)

Was die Heimat unserer Trilobiten anbetrifft, so ist diese, wie die aller unserer palaeozoischen Geschiebe auf die Ostseeprovinzen Russlands, auf Schweden und auf ein jetzt vom Meere bedecktes Mittelgebiet, das „Balticum", zurückzuführen. Auf dieses Balticum beziehe ich Formen, welche bis jetzt aus Schweden und Russland unbekannt sind, resp. solche, deren Gesteinsmaterial nicht mit dem in den genannten Ländern als anstehend bekannten übereinstimmt. Immerhin ist es möglich, dass Formen unserer Geschiebe, welche bisher noch nirgendwo anstehend gefunden sind, doch noch in Estland oder Schweden gefunden werden; denn so genau sind

---

1) Steinhardt: „Die bis jetzt in pr. Gesch. gef. Trilobiten." Beiträge zur Naturk. Preussens St. 3. 1874.

2) Fr. Schmidt: „Revision der Ostbaltischen Silurischen Trilobiten", in Mémoires d. l'Ac. imp. d. sciences de St. Petersb. I. Phacopiden, Cheiruriden, Encrinuriden. 1882. II. Acidaspiden, Lichiden. 1885. III. (G. Holm): Illaeniden. 1886.

3) G. Holm: „De Svenska arterna af Trilobitslägtet Illaenus". Bch. t. K. Svenska Vet.-Ak. Standlingar. 1882. Bd. VII, Nro. 3.

die Heimatsgebiete unserer Geschiebe wohl kaum schon durchforscht, dass man sagen dürfte: die eine oder die andere Form unserer Geschiebe kommt weder in Russland, noch in Schweden vor, sie muss also auf ein Mittelgebiet bezogen werden. Eine derartige Angabe hat also nach dem jetzigen Standpunkt der Erfahrung nur die Wahrscheinlichkeit nicht aber absolute Gewissheit für sich.

A. Petrographischer Teil.

I. Cambrische Geschiebe.

1. Schwarzer Stinkkalk mit Agnostus pisiformis Linné.[1])

Nötling erwähnt schwarzen Stinkkalk mit Agn. pisiformis aus Westpreussen. Ausser einem angeblich von Neukuhren stammenden Stücke bereits stark verwitterten Stinkkalkes lag mir noch ein Stück desselben Alters von Schettnichnen bei Braunsberg (Ostpreussen) vor.

Das Heimatsgebiet ist Schweden.

2. Schwarzer Stinkkalk mit Agnostus pisiformis Linné var. socialis Tullb. und Olenus truncatus Boeck.[2])

Ein sehr grosses Geschiebe kleinkörnigen, schwarzen Stinkkalkes, welches beim Zerschlagen einen ausserordentlich stark bituminösen Geruch verbreitete, war dicht angefüllt mit Resten von Olenus truncatus Boeck und Agn. pisiformis Linné var. socialis Tullb. Beide Formen kamen jedoch nicht mit einander vermischt vor; das Geschiebe liess vielmehr zwei Zonen unterscheiden, eine, in welcher allein O. truncatus — namentlich auf Schichtflächen — in grossen Massen vorkam, und eine zweite, welche ganze Nester von Agn. pisiformis var. socialis enthielt.

Fundort: Bäckermühle bei Marienwerder, Westpreussen.

Heimat: Nach einer Mitteilung des Herrn Prof. Lindström stimmt das Gestein auffallend mit dem Alaunschiefer (Olenusschiefer) Westgotlands überein; Schweden ist daher als Heimat des Geschiebes 2 zu betrachten.

3. Schwarzer Stinkkalk mit Peltura scarabaeoïdes Wahlenberg und Sphaerophthalmus alatus Boeck.

Ein plattenförmiges zum Theil sehr feinkörniges Geschiebe schwarzen Stinkkalkes enthielt neben Kopfschildern von Pelt. scarabaeoïdes solche von Sphaer. alatus.

Fundort: Bäckermühle bei Marienwerder, Westpreussen.

Heimat: Das Geschiebe ist auf die in Schweden weit verbreitete obere Zone des Olenusschiefers zurückzuführen.[3])[4])

---

[1] cfr. Nötling. l. c. pag. 267.
[2] Nötling erwähnt l. c. pag. 268 dieses Geschiebe nach einer Mitteilung des Herrn Prof. Jentzsch als typischen Agnostuskalk.
[3] Remelé: Unters. üb. d. versteinerungsf. Diluvialgesch. d. Nordd. Flachlandes. St. I, pag. 45, 59, 82.
[4] Römer: Leth. erratica. pag. 35.

3a. Schwarzer Stinkkalk mit Peltura scarabaeoïdes Wahlenberg.

Ein kleines, plattenförmig spaltendes Geschiebe, das durch Verwitterung bereits fast ganz braun gefärbt ist, zeigt einzelne Kopfschilder von Pelt. scarabaeoïdes, durch welches Fossil das Geschiebe als demjenigen der No. 3 ungefähr gleichalterig bestimmt wird.

Fundort: Pr. Holland, Ostpreussen.
Heimat: jedenfalls, wie bei No. 3, Schweden.

II. Untersilurische Geschiebe.

a) Schichtengruppe B. Fr. Schmidts.

α) Glaukonitkalk. B₂.

1. Nötling[1]) erwähnt unter No. 5c. seiner Arbeit ein Geschiebe „buntfarbigen, etwas erdigen mürben Glaukonitkalkes mit grossen dunkelgrünen Glaukonitkörnern." Dasselbe sollte nach Nötling enthalten:

Orthisina cf parva.
Megalaspis sp.
Niobe sp.

Mir lag dasselbe Stück vor: es enthielt neben ganz unbestimmbaren Bruchstücken einer Asaphidenart, die möglicherweise zu Megalaspis gehören kann,

Orthis Christianiae Kjerulf
Amphion priscus n. sp.

Fundort: Belschwitz in Westpreussen.
Heimat: Das Geschiebe ist auf Schweden zurückzuführen.[2])

2. Roter Kalk mit Endoceren. In Bezug auf die Nötlingschen[3]) Varietäten a und c kann ich die Mitteilung Vanhoeffens,[4]) der beide Varietäten auch aus Ostpreussen erwähnt, während sie nach Nötling nur in Westpreussen vorkommen, bestätigen, da neuerdings derartige Geschiebe namentlich in der Umgegend von Königsberg häufiger gefunden worden sind.

Ein der Varietät a Nötlings entsprechendes Geschiebe — braunroter, erdiger ziemlich weicher Kalk, von zahlreichen, bräunlich gefärbten Kluftflächen durchsetzt — enthielt neben Resten von Megalaspis limbata Boeck ein Schwanzschild von

Holometopus? laevis n. sp.

Die Heimat der roten Endocerenkalke ist Schweden, resp. Oeland.

b) Schichtengruppe D. Fr. Schmidts.

α) Jewesche Schicht D.

Zu Nötling 10 a[5]) erwähne ich ein sehr grosses Geschiebe dichten grauen Kalksteins, der sehr an Echinosphaeritenkalk erinnert; es enthielt:

---

1) Nötling. l. c. pag. 271.
2) Römer. l. c. pag. 36.
3) Nötling. l. c. pag. 273, 274.
4) Vanhoeffen: „Einige für Ostpreussen neue Geschiebe." Zeitschr. d. d. geol. Ges. Jahrg. 1886. Sep.-Abdr. pag. 2.
5) Nötling l. c. pag. 281.

Strophomena tenuistriata Murch.
Bellerophon sp.
Monograptus sp.
Illaenus sp.
Asaphus Branconis u. sp.

Das betr. Geschiebe wurde in Craussen bei Königsberg gefunden. Geschiebe dieser Art sind sowohl in Ost- als Westpreussen nicht selten.
Heimat: Estland.

β) Kegelsche Schicht D_2.

Nötling[1]) kennt kein Geschiebe dieses Alters, während sie jetzt in beiden Provinzen mehrfach gefunden sind. Es sind gelbgraue bis braune, ziemlich feste, oft etwas mergelige Kalke mit dunkelbraunen Kluftflächen, welche zahlreiche, allerdings meistens schlecht erhaltene Bruchstücke von Phacops maxima Fr. Schmidt enthalten.

Die Heimat dieser Geschiebe ist Estland.

Nötling erwähnt a. a. O. bei der Besprechung der Kegelschen Schicht eine Mitteilung Schmidts über Phacops Kegelensis Schmidt aus einem ostpr. Geschiebe. Ich hatte Gelegenheit, das betreffende Geschiebe von Kaidau-Ostpreussen zu untersuchen. Dasselbe gehört der Sammlung des hiesigen Provinzialmuseums; es enthält neben Ph. Kegelensis Bruchstücke von Asaphus jevensis Fr. Schmidt und besteht aus hellgrauem dichtem Kalk vom Alter der Jeweschen Schicht D_1.

γ) Backsteinkalke[2])[3]).

Mehrere Geschiebe dieser Art lagen mir vor:

1. Ein ziemlich grosses Geschiebe typischen Backsteinkalkes enthielt:
   Illaenus jevensis Holm,
   Mastopora concava Eichwald,
   Murchisonia sp.

Fundort: Nasser Garten bei Königsberg.

2. Ein kleines Geschiebe, welches erst zum teil in Backsteinkalk umgewandelt war und noch einen Kern bläulich grauen, kieseligen Gesteins zeigte, welches lebhaft an das der Lyckholmer Schicht erinnerte; dasselbe enthielt neben Mastopora concava Eichw. das Schwanzschild einer Encrinurusart, welche dem Eucrinurus Seebachi Fr. Schmidt (vergl. pag. 39) nahe steht.

Fundort: Mewe-Westpreussen.

3. Ein weiteres kleines Geschiebe, das bereits ganz in Backsteinkalk umgewandelt war, enthielt eine Glabella von Cheirurus cf. Plautini Fr. Schmidt.

Fundort: Wehlau-Ostpreussen.

Das Alter und die Heimat der Backsteinkalke sind nicht mit Sicherheit zu bestimmen. Die Varietät 1 wird durch Illaenus jevensis sicher als der Jeweschen

---

[1] Nötling l. c. pag. 284.
[2] cf. Nötling l. c. pag. 283.
[3] cf. Kiesow. Sil. u. Devon. Geschiebe Westpreussens, pag. 11.

Schicht gleichalterig bestimmt und entweder auf Estland selbst oder im Nachbargebiet des Balticums zurückgeführt. Für die Varietäten 2 und 3 können weder Alter noch Heimat näher bestimmt werden.

c) Wesenberger Schicht E. Fr. Schmidts.

Nötling[1]) erwähnt unter No. 16 ein kleines Geschiebe „blutroten, sehr harten, splittrigen Kalkes vom Habitus des Wesenberger Gestein" mit Encrinurus sp. Ein ganz ähnliches Geschiebe wurde bei Königsberg gefunden; es enthielt neben einem ganz übereinstimmenden Pygidium, das ich als Encrinurus cf. Seebachi bestimmte, Orthis insolaris Eichw.

Beide Geschiebe stammen aus Ostpreussen; sie sind der Wesenberger Schicht gleichaltrig zu erachten.

Heimat: Weder Estland noch Schweden besitzen eine entsprechende Encrinurusart, die Geschiebe sind daher wohl auf das Balticum zurückzuführen.

d) Schichtengruppe F. Fr. Schmidts.
α) Lyckholmer Schicht F.

Gesteine vom Alter der Lyckholmer Schicht F. und zwar die Nötlingsche Varietät 1:[2]) „weisser dichter kieselreicher Kalk, ähnlich dem Wesenberger, mit wenig Korallen, wohl ident mit Römers Sadewitzer Gestein" sind auch in Westpreussen gefunden, während Nötling sie nur aus Ostpreussen kennt. Geschiebe dieser Art enthalten vornehmlich Asaphus platyrhachis Steinh. und Chasmops Eichwaldi Fr. Schmidt.

Heimat: Estland.

e) Untersilurische Geschiebe unbestimmbaren Alters.

1. Hellgelber, feinkörniger, zum Teil etwas mergeliger Kalk mit weissen Kalkspathausscheidungen.

Einmal wurde ein derartiges Geschiebe bei Königsberg gefunden. Es enthielt zwei Trilobitenformen, welche nach den vorhandenen Bestimmungen mit keiner der bekannten Arten übereinstimmen; ich nannte sie:

Asaphus obtusus n. sp.
und Holometopus? radiatus n. sp.

Die Schale der Trilobiten ist vollkommen weiss. Das Gestein ähnelt auffallend manchen obersilurischen Kalken; doch das Vorkommen einer Asaphusart lässt es unzweifelhaft erscheinen, dass es untersilurischen Alters ist.

Heimat: Weder aus Estland noch aus Schweden ist mir ein entsprechendes Gestein bekannt, ich kann das vorliegende Geschiebe daher nur auf das Balticum beziehen.

2. Dunkelgelbgrauer, dichter bis körniger Kalk mit farblosen Kalkspathausscheidungen und mit dendritischen Ausscheidungen von Manganoxyden auf den Kluftflächen.

---
1) cf. Nötling l. c. 287.
2) Nötling l. c. pag. 288.

Mehrere Geschiebe dieser Art lagen vor. Sie enthielten neben Strophomena sculpta Gagel und Strophomena pecten Linné den Abdruck eines kleinen Phacopidenschwanzschildes und reichliche Bruchstücke einer Asaphidenart, für deren Bestimmung ich leider keinen Anhalt finden konnte. Würde das Geschiebe nicht durch die vorhandenen Bruchstücke von As. sp. als untersilurisch charakterisiert sein, so würde das Auftreten der beiden Brachiopodenformen für ein obersilurisches Alter sprechen; wahrscheinlich gehört es einer Grenzschicht zwischen Unter- und Obersilur an.

Fundort: Pr. Holland in Ostpreussen.

Heimat: Weder aus Estland noch aus Schweden habe ich ein ähnliches Gestein erwähnt gefunden, es stammt also wahrscheinlich aus dem Balticum.

3. Braungrauer körniger Kalk von quarzitähnlichem Aussehen.

Nur ein kleines Geschiebe dieser Art liegt mir vor. Es enthielt ein Schwanzschild einer kleinen Illaenusart, die ich mit keiner der vorhandenen Bestimmungen in Einklang bringen konnte. Um der vorzüglich ausgeprägten Merkmale des Schwanzschildes willen habe ich auf dasselbe eine neue Art begründet, für welche ich den Namens Illaenus nuculus vorschlage (cf. pag. 69). Ebensowenig, wie mir eine entsprechende Illaenidenform aus dem baltischen Silur bekannt ist, habe ich Nachrichten über ein gleichartiges Gestein gefunden.

Fundort: Ostpreussen ohne nähere Ortsangabe.

Heimat: Das vorliegende Geschiebe ist wie die beiden vorhergehenden auf das Balticum zurückzuführen.

III. Obersilurische Geschiebe.

a) Geschiebe vom Alter der unteren Oeselschen Schicht J und der unteren und mittleren Gotländischen Schichten.

Nötling[1]) führt zwei Gesteinsvarietäten dieses Alters, von denen die eine, b, mehrfach gefunden ist; Nötling charakterisiert sie sie „Blaugraue weiche Kalke oder Kalkmergel" mit Encrinurus punctatus und Ptilodictya sp. Derartige Geschiebe enthielten ausser den von Nötling genannten Versteinerungen noch andere, welche einen wesentlicheren Anhalt zur Heimatbestimmung derselben lieferten. Wir können darin unterscheiden:

1. Blaugraue mergelige Kalke mit Encrinurus punctatus, sowohl in Ost- als Westpreussen gefunden.

Heimat: Das Obersilur Estlands wie Schwedens.

2. Blaugrauer, mergeliger Kalk mit Lichas Salteri Fletcher, einmal in Ostpreussen bei Gumbinnen gefunden.

Heimat: Gotland.

3. Grauer, mergeliger Kalk mit Proëtus verrucosus Lindstr., einmal bei Belschwitz in Westpreussen gefunden.

Heimat: Gotland.

---

1) cf. Nötling l. c. pag. 291.

b) Graptolithengestein.

Zu dem von Nötling[1]) nur aufgezählten Graptolithengestein möchte ich bemerken, dass dasselbe keineswegs den höchsten obersilurischen Schichten gleichalterig ist, wie Nötling angiebt, sondern dass es ungefähr der Gotländer Zone c[2]) gleichzustellen ist.

Graptolithengesteine sind sowohl in Ost- als Westpreussen gefunden. Ihre Heimat ist das Balticum.

Kiesow erwähnt[3]) von Trilobiten aus dem Graptolithengestein allein Calymene Blumenbachi Brongn.

Mir lag nur einmal ein trilobitenführendes Stück dunkel graugrünen Graptolithengesteins von Pr. Holland-Ostpreussen vor, dasselbe enthielt: Acidaspis mutica Emmr. und Cyphaspis sp.

c) Geschiebe vom Alter der Oberen Oeselschen Schicht H.

1. Bräunlich grauer, feinkörniger Kalk mit:
    Atrypa reticularis Linné,
    Strophomena Pompecki Gagel,
    Lichas aranea Lindström,
    Encrinurus punctatus Wahlenbg.

Einmal bei Marienwerder in Westpreussen gefunden.

Heimat: Das Geschiebe wird durch Lichas aranea als gotländischen Ursprungs bestimmt. Lindström[4]) erwähnt die Art Lichas aranea von Färö aus seiner Zone d, die den ältesten Schichten der Oberen Oeselschen Gruppe Estlands gleichaltrig ist.

2. Grauer, etwas mergeliger Kalk, an Beyrichienkalk erinnernd, mit:
    Encrinurus punctatus Wahlenb.,
    Calymene intermedia Lindstr.,
    Cheirurus dubius n. sp.
    Cybele sp. b.,[5])
    Beyrichia Buchiana var. nutans Kiesow,
    Atrypa reticularis Linné,
    Ptilodictya sp.

Nur einmal bei Rosenberg in Westpreusssen in einem kleinen Geschiebe gefunden. Als Heimat dieses Geschiebes muss das Balticum erachtet werden.

3. Rötlicher, sehr harter Kalkstein mit Ausscheidungen von weissem Kalkspath. Zwei Geschiebe dieser Art liegen vor. Sie enthalten neben zahlreichen Korallenresten und Crinoidenstielen
    Atrypa marginalis Dalm.
    und Lichas Lindströmi n. sp.

Fundort: Wehlau in Ostpreussen.

---

1) cf. Nötling l. c. pag. 305.
2) cf. Lindström: „Ueber die Schichtenfolge des Silur auf der Insel Gotland. Neues Jahrb. 1888. pag. 163.
3) cf. Kiesow l. c. pag. 19.
4) cf. Lindström, „Förteckning på Gotlands siluriska Crustaceer." pag. 94.
5) vergl. Cybele sp. b. pag. 38. Taf. VI, Fig. 35.

Herr Prof. Lindström, welcher die Liebenswürdigkeit hatte, das betreffende Geschiebe zu begutachten, toilte mir mit, dass auf Gotland auf der Anhöhe Sandarfve ein ganz ähnlicher, doch etwas weicherer Kalk vorkäme; es würde unseren beiden Geschieben, falls sie dem Kalk von Sandarfve gleichaltrig sind, dann das Alter der obersten gotländischen Zone h zuzuschreiben sein. Ihre Heimat ist wohl das Balticum in der Nähe Gotlands.

Obersilurischen Alters ist ferner ein Geschiebe von Dirschkeim Ost-Preussen. „Lichtgrüner, sehr harter, dichter Kalk mit Phacops caudata Emmr."

Nötling[1]) stellt dieses Geschiebe zu den Gesteinen vom Alter der Wesenberger Schicht. Soweit mir bekannt, gehört Phacops caudata nur dem Obersilur an. Lindström[2]) erwähnt die Art aus den Mergelschiefern Gotlands vom Alter seiner Zone c. Salter[3]) kennt seine Phacops vulgaris auch nur aus dem Obersilur, und zwar dem Wenlocklimestone, welcher ungefähr der Lindströmschen Gotländer Zone d entspricht. Aus welchem Grunde Nötling das betr. Geschiebe der Wesenberger Schicht zuzählt, geht aus seiner Arbeit nicht hervor. Die von Nötling an dieses Geschiebe geknüpfte Bemerkung, dass die Untersuchungen Fr. Schmidts das Fehlen der Phacops caudata in Estland erwiesen haben, schliesst auch aus, dass Nötling durch eine Angabe Nieszkowskis,[4]) welcher eine Phacops caudata von Jewe und Wesenberg beschreibt, irre geleitet sein kann. Die Bestimmung Nieszkowski's hat sich nach Schmidt[5]) als irrig erwiesen; die betr. Schwanzschilder gehörten keiner Art der im Untersilur Schwedens und Estlands überhaupt fehlenden Untergattung Dalmania, sondern einer Peterygometopusart an. Ist so als unzweifelhaft erwiesen, dass Geschiebe mit Phacops caudata nicht untersilurischen Alters sein können, so fehlt noch die genauere Heimatsbestimmung des vorliegenden Geschiebes.

Wie bereits erwähnt kommt Phacops caudata in der Zone c des gotländischen Obersilurs vor. Die Gesteinsbeschaffenheit des vorwiegenden Stückes schliesst aus, dass es von Gotland selbst herzuleiten ist; es gehört jedenfalls einem der Insel Gotland benachbarten Gebiete des Balticums an.

Von Herrn Konrektor Seydler wurde mir ein Geschiebe übersandt, welches unzweifelhaft den echten Phacops latifrons Burm. enthielt. Ein Vergleich des vorliegenden Fossils mit den Exemplaren aus dem Devon der Eifel zeigte eine vollkommene Uebereinstimmung des mir vorliegenden Exemplares mit jenen. Das Gesteinsmaterial unseres Stückes ist dichter, dunkelgrauer nicht sehr harter Kalk, der in seinem Aussehen auffallende Aehnlichkeit mit den eifeler Kalken, in denen Phacops latifrons gefunden wird, zeigt. Die in unseren Provinzen gefundenen devonischen Geschiebe zeigen dagegen stets einen anderen Gesteinscharakter als das vorliegende Stück, es sind meistens Sandsteine, Dolomite und delomitische Kalke. Ebensowenig,

1) cf. Nötling: l. c. pag. 286.
2) cf. Lindström: Förteckn. pag. 33.
3) cf. Salter: a monograph. pag. 54.
4) cf. Nieszkowski: „Versuch einer Monographie der l. d. sil. Sch. d. Ostseeprov. vork. Trilobiten." Arch. f. Naturk. Liv-, Est-. Kurlands. Ser. 1. Bd. 1. pag. 26.
5) cf. Fr. Schmidt: Rev. 1, pag. 92.

wie ich das Gestein mit dem unserer devonischen Geschiebe übereinstimmend gefunden habe, ist mir eine wirklich authentische Nachricht über das Vorkommen von Phacops latifrons in Russland bekannt.[1]) Es bleibt also wohl sehr zweifelhaft, ob das betr. Stück wirklich ein Ostpreussisches Geschiebe ist; dass es in Ostpreussen gefunden ist, muss ich auf die Mitteilung des Herrn Seydler hin annehmen, trotzdem kann es durch irgend welchen Zufall hierher verschleppt worden sein.

Als Fundort gab Herr Konrektor Seidler die Umgegend von Braunsberg an. Steinhardt[2]) erwähnt aus der Mascke'schen Sammlung eine schlechte Glabella, die er zu Phacops latifrons stellt. Es ist aus Steinhardt's Beschreibung und Abbildung kaum zu entscheiden, was für eine Art ihm vorgelegen hat.

Im vorstehenden sind 23 Geschiebearten besprochen worden, von denen 11 im Gebiete beider Provinzen neu sind. Die Verteilung und mutmassliche Heimat der neuen Geschiebe erläutert folgende Tabelle:

	Ost-Preussen.	West-Preussen.	Estland.	Balticum.	Schweden.
I. Cambrium.					
1. Stinkkalk m. Agnostus pisiformis var. socialis Tullb. u. Ol. truncatus Böck	—	+	—	—	+
2. Stinkkalk m. Pelt. scarab. u. Sphaer. alatus Böck	—	+	—	—	+
3. Stinkkalk m. Peltura scarab. Wahlb.	+	—	—	—	+
II. Untersilur.					
4. Gelber Kalk mit As. obtusus n. sp. und Hol? radiatus n. sp.	+	—	—	+	—
5. Brauner Kalk mit As. sp., Stroph. pecten Linné u. Stroph. sculpta Gag.	+	—	—	+	—
6. Quarzitähnl. Kalk mit Ill. nuculus n. sp.	+	—	—	+	—
III. Obersilur.					
7. Mergeliger Kalk m. Lich. Solteri Fletch.	—	—	—	—	+
8. „ „ m. Proët. verrucosus Lindstr.	—	+	—	—	+
9. Bräunlicher körniger Kalk m. Lichas aranea Lindstr.	—	—	—	—	+
10. Grauer mergel. Kalk mit Cal. intermed. Lindstr. Cheir. dubius n. sp. Cybele sp. etc.	—	+	—	+	—
11. Roter harter Kalk mit Lich. Lindströmi n. sp. und Atrypa marginalis Dalm.	—	—	—	+	—
	6	5	—	5	6

Ausserdem konnten neuere Fundorte nachgewiesen werden für:
1. Typischen Agnostuskalk: Braunsberg Ostpr.
2. Roten Endocerenkalk: Ost- und Westpreussen; Nötling kennt ihn nur aus Westpreussen.

---

[1] Das von Eichwald in Leth. rossica pag. 1428 angegebene Vorkommen von Phacops latifrons in Estland beruht mindestens auf einem Irrtum dieses Autors.
2) cf. Steinhardt: l. c. pag. 12. Taf. I. Fig. 1.

3. Kegelsches Gestein: Ost- und Westpreussen; Nötling kennt derartige Geschiebe überhaupt nicht.
4. Backsteinkalke: Ost- und Westpreussen; Nötling behauptete, sie fehlten in Ostpreussen wahrscheinlich ganz.

Es ergab sich endlich bezüglich des Alters einiger der von Nötling beschriebenen Geschiebe das Folgende:
1. Das Geschiebe mit Phacops Kegelensis Fr. Schmidt gehört nicht der Kegelschen, sondern der Jeweschen Schicht an;
2. Das Graptolitengestein entspricht nicht dem obersten Obersilur, sondern den mittleren Gotländer Schichten;
3. Das von Nötling citierte Geschiebe mit Phacops caudata gehört keineswegs der Wesenberger Zone E. Fr. Schmidts an, sondern ist der Lindströmschen Gotländer Zone c des Obersilurs als gleichalterig zu erachten.

B. Palaeontologischer Teil.

Im folgenden reihe ich die Trilobiten nach dem Auftreten und Verlauf der grossen Gesichtsnaht des Kopfschildes aneinander und stelle die Gattungen mit gleichem oder sehr ähnlichem Verlauf dieser Naht in Gruppen, Familien, zusammen. Ich verkenne nicht, dass eine derartige Gruppierung etwas sehr gekünsteltes haben wird, indem oft vielleicht ähnlich aussehende Formen von einander getrennt werden. Ich beabsichtige aber auch durchaus nicht, hiermit ein System der Trilobiten aufzustellen, sondern will nur im Sinne der Aufgabe dieser Arbeit ein bequemes Hilfsmittel geben, die Trilobiten unserer Geschiebe zu bestimmen.

Ein System, wie das von Quenstedt[1]) nach der Anzahl der Leibesringe aufgestellte, würde unseren Zwecken kaum gute Dienste leisten. Ebensowenig kann das System Barrandes,[2]) welcher namentlich die Beschaffenheit der Pleuren zur Klassificierung der Trilobiten benutzt, den Sammlern von Geschiebetrilobiten wesentliche Hülfe leisten, da man die beiden eben genannten Systyme nur dann mit Erfolg anwenden kann, wenn man vollständige Trilobitenkörper findet: diese sind aber in unseren Geschieben so ausserordentlich selten, dass man kaum Gelegenheit haben wird, sich dieser Systeme zu bedienen. Das System von Goldfuss[3]) nach der Ausbildung der Augen allein ist nicht gerade besonders praktisch, da oft nahestehende Gattungen getrennt und umgekehrt fernstehende zusammengestellt werden.

Da man in unseren Geschieben in den allermeisten Fällen nur einzelne Teile von Trilobiten findet, erachte ich die Ausbildung des Kopfschildes, insbesondere der Gesichtsnaht als das am meisten praktische Hilfsmittel zur Gruppirung der Trilobiten

---
1) cf. F. A. Quenstedt: Handbuch der Petrefactenkunde. III. Aufl. 1885. pag. 128 ff.
2) cf. J. Barrande: Systéme silurien du centre de la Bohême. Vol. I. prg. 332 ff.
3) cf. Goldfuss: „Systematische Uebersicht der Trilobiten und Beschreibung einiger neuen Arten." Neues Jahrb. 1843. pag. 537 ff.

und ordne sie danach, indem ich andere Charaktere nur als nebensächlichere Faktoren für diesen Zweck benutze.[1]) So ergiebt sich der folgende Schlüssel zum Bestimmen unserer Trilobitengattungen:

I. Ohne Gesichtsnaht, ohne Augen:
Der Leib besteht aus zwei Segmenten; Kopf- und Schwanzschild sind beinahe gleich gestaltet:

    I. Fam. **Agnostidae.**
    Gatt. Agnostus.

II. Mit Gesichtsnaht:
Der Leib besteht aus mehr als zwei Segmenten:
  A. augenlose, oder ocellentragende.
    a) Die Gesichtsnaht verläuft in ihrer ganzen Länge auf dem Rande des Kopfschildes; die Augen bestehen aus einzelnen, wenigen Linsen:

    II. Fam. **Harpidae.** [Rumpf: 20 u. mehr Segm.]
    Gatt. Harpes.

    b) Die Gesichtsnaht verläuft auf der Oberseite des Kopfschildes; Augen fehlen vollständig:

    III. Fam. **Ampycidae.** [Rumpf: 5 u. 6 Segm.]
    Gatt. Ampyx.

  B. Augentragende. Die Augen sind deutlich facettiert, bis sehr fein netzförmig:
    a) Die Gesichtsnähte gehen vom Seitenrande des Kopfschildes aus:
      α) ohne Schnauzennaht:
      Die Gesichtsnähte stossen auf dem Vorderrande zusammen; Schnauzennaht und -schild fehlen. Augen grob facettiert:

    IV. Fam. **Phacopidae.** [Rumpf: 11 Segm.]
    Gatt. Phacops.

    β) Mit Schnauzennaht und -schild:
      1. Das Schwanzschild ist weniger als 6 gliederig:

    V. Fam. **Cheiruridae.** [Rumpf: 11 (9, 18) Segm.]
    Gatt. Cheirurus, Amphion.

      2. Das Schwanzschild ist mehr als 6 (—18) gliederig:

    VI. Fam. **Encrinuridae.** [Rumpf: 12, 11 Segm.]
    Gatt. Cybele. Encrinurus.

    b) Die Gesichtsnähte gehen von den Hinterecken aus;

---

[1] Vergl. auch das von Gerstäcker in Bronn's Klassen u. Ordnungen des Tierreichs Bd. V. Arthropoden I, pag. 1238 ff. gegebene System, welches ebenfalls die grosse Gesichtsnaht als erstes Hauptunterscheidungsmittel enthält, bei welchem aber der Autor ausserdem im wesentlichsten die Form der Glabella betont, wodurch er zu einer anderen Gruppierung kommt, als dieses in der folgenden Uebersicht der Fall ist.

VII. Fam. **Calymenidae.** [Rumpf: 13 Segm.]
  Gatt. Calymene, Homalonotus.
c) Die Gesichtsnähte gehen vom Hinterrande aus:
  a) mit Schnauzennaht und -schild:
    1. die Glabella ist ringsum deutlich durch Rückenfurchen begrenzt.
      † Schwanzschild fast stets mit Seitenzähnen oder -Stacheln, 2—3gliederig:
        * Schwanzschild mit Seitenzähnen, meistens länger als das Kopfschild; Rumpf 11gliederig:

VIII. Fam. **Lichidae.**
  Gatt. Lichas.
    ** Schwanzschild mit Seitenstacheln, stets kürzer als das Kopfschild; Rumpf 9—10gliederig:

IX. Fam. **Acidaspidae.**
  Gatt. Acidaspis.
    †† Schwanzschild meistens ganzrandig, mehr als 3gliederig;

X. Fam. **Proëtidae.** [Rumpf: 10—17 Segm.]
  Gatt. Proëtus, Cyphaspis.
  [Phaëtonides].
    2. Die Glabella geht nach vorne ohne Begrenzung in die Wölbung des Kopfschildes über.

XI. Fam. **Illaenidae.** [Rumpf: (8, 9), 10 Segm.]
  Gatt. Illaenus.
β) Ohne Schnauzennaht und -schild:
    1. die Gesichtsnähte stossen auf der Oberseite des Kopfschildes zusammen:
      † sie gehen von der Mitte des Hinterrandes über die Augen zum Vorderrande, wo sie in einem Winkel oder Bogen zusammenstossen:

XII. Fam. **Asaphidae.** [Rumpf: 8 Segm.]
  Gatt. Asaphus, Megalaspis, [Niobe], Nileus, Holometopus.
    †† Sie gehen vom Hinterrande aus den Rückenfurchen aus, begrenzen die Glabella und erreichen den Vorderrand nicht:

XIII. Fam. **Remopleuridae.** [Rumpf: 11 Segm.]
  Gatt. Remopleurides.
    2. Die Gesichtsnähte stossen auf der Oberseite des Kopfschildes nicht zusammen, sondern überschreiten den Vorderrand:

XIV. Fam. **Olenidae.** [Rumpf: 10 u. mehr Segm.]
  Gatt. Olenus, Sphaerophthalmus. Peltura.

In dieser systematischen Uebersicht sind nur diejenigen Gattungen aufgeführt, welche bis jetzt in ost- und westpreussischen Geschieben gefunden sind; es sind 28 an der Zahl, welche sich auf 14 Familien verteilen.

I. Fam.: Agnostidae.

Gattung: Agnostus Brongniart.
(Battus: Dalm. Emmr.

Agnostus pisiformis Linné. Taf. IV. Fig. 23. 23 a.

1822. Agnostus pisiformis Brongniart: Hist. nat. d. Crustac. foss. pag. 38. Taf. IV. Fig. 4.
1828. Battus pisiformis Dalman: Palaeaden pag. 57. Taf. VI. Fig. 5 a—d.
1869. Agnostus pisiformis Linnarsson: Vestergötl. Cambr. och Siluriska Aflagr. pag. 81. Taf. II. Fig. 50. 51.
1874. Agnostus pisiformis Steinhardt: Pr. Trilobiten, pag. 61. Taf. IV. Fig. 17.
1882. Agnostus pisiformis Linné in. W. C. Brögger: Sil. Etagen 2 u. 3. pag. 55.

In einem Stück verwitterten Steinkalkes lag mir die typische Form des A. pisiformis vor.

Das Kopfschild zeigt eine durch die vorn zusammenfliessenden Rückenfurchen begrenzte, hochgewölbte zungenförmige Glabella, von deren Vorderende eine Stirnfurche zur Randfurche geht. Nur die ersten und dritten Seitenfurchen sind vorhanden. Die ersten Seitenfurchen, senkrecht zur Axe liegend, fliessen zusammen und schnüren einen vorn abgerundeten Stirnlappen ab. Die dritten Seitenfurchen gehen schräg nach innen zum Hinterrande und begrenzen mit den hinten etwas auseinandergehenden Rückenfurchen die kleinen dritten Seitenlappen. Das ungeteilte Mittelstück der Glabella trägt auf seiner höchsten Wölbung die Andeutung einer kleinen kielförmigen Erhöhung. Die durch die Stirnfurche getrennten Seitenteile sind flacher gewölbt als die Glabella.

Leibesringe habe ich nicht beobachten können.

Das Schwanzschild trägt an seinem Hinterrande jederseits einen kurzen nach hinten gewendeten Stachel. Die Spindel, etwa von derselben Form und Grösse wie die Glabella, ist ungefähr um die halbe Breite der Seitenlappen vom Hinterrande entfernt, sie zeigt in ihrem vorderen Teile zwei schwache Querfurchen und einen etwas kräftigeren Kiel als die Glabella. Die Seitenteile sind nicht wie beim Kopfschilde durch eine Furche getrennt.

Fundort: Neukuhren, Ostpreussen. Rosenberg, Westpreussen.[1])

Nach Linnarsson (Cambr. o. Sil. Aflgr. pag. 81) gehört A. pisiformis dem Olenusschiefer (Cambrium) West-Gotlands an.

Ein von Schettniehnen bei Braunsberg stammendes Stück schwarzen cambrischen Stinkkalkes zeigt auf einer Bruchfläche dicht gehäuft Kopf- und Schwanzschilder einer Agnostusart, die von A. pisiformis in bezug auf die Ausbildung des Schwanzschildes ein wenig abweicht, indem die Querfurchen der Spindel sehr undeutlich sind, und statt der kurzen kielförmigen Erhöhung eine länglich runde kleine

---

1) cf. Steinhardt l. c. pag. 62.

Warze auftritt. Die Schwanzspindel selbst ist hinten etwas mehr zugespitzt als bei der typischen Form des A. pisiformis. Diese Unterschiede schienen mir so unbedeutend, dass ich eine Trennung der beiden Formen nicht für angebracht finde.

Agnostus pisiformis Linné. var. socialis Tullberg. Taf. IV. Fig. 24 a b.

1882. Agnostus pisiformis L. var. socialis Tullberg in W. C. Brögger. Die Silur. Etagen 2 u. 3. pag. 56. Taf. I. Fig. 10 a b c.

Das Kopfschild stimmt mit der vorigen Art fast vollständig überein, es ist im ganzen nur etwas stärker gewölbt, mit einer stärkeren Andeutung des Kieles auf der Mitte der Glabella.

Das Schwanzschild ist durch ganz besonders starke buckelförmige Wölbung der Spindel ausgezeichnet. Nach hinten zu verbreitert sich die Spindel etwas und reicht bis nahe an den Randsaum. Viel deutlicher als bei der Hauptform des A. pisiformis treten zwei paar Querfurchen an der Spindel auf, die bis zu dem recht kräftig ausgebildeten Kiele gehen, welcher in eine kurze warzenförmige Spitze ausläuft, die zugleich die Stelle der höchsten Wölbung des Schwanzschildes ist.

Fundort: Bäckermühle bei Marienwerder, in dunklem, fast schwarzem, sehr bituminösem Stinkkalk zusammen mit Olenus truncatus. Das Gestein gleicht nach einer Mitteilung des Herrn Prof. Lindström dem Alaunschiefer von Westergötland vollkommen. Das Cambrium Schwedens dürfte wohl die Heimat dieser Art sein.

II. Fam.: Harpidae.

Genus: Harpes Goldfuss. Beyr. Barr.

Mir lag kein Vertreter dieser Gattung vor, Steinhardt giebt die Beschreibung und Abbildung der Eichwaldschen Art H. Spaski aus einem Geschiebe von Königsberg (Masckesche Sammlung), welche ich hier citiere:

Harpes Spaski Eichwald. Taf. IV. Fig. 29.

1860. Harpes Spaski Eichwald: Lethaea rossica pag. 1375. Taf. LII. Fig. 27 a b.
1874. Harpes Spaski Steinhardt: Pr. Trilobiten pag. 35. Taf. V. Fig. 6.

Das Kopfschild ist etwa halbkreisförmig, im mittleren Teile hochgewölbt. Der flache Randsaum ist weggebrochen, dafür ist die Oberseite des Umschlages, welcher die den Durchbohrungen des Umschlages entsprechenden Höckerchen (vergl. Steinhardt, pag. 35) zeigt, blosgelegt. Die hochgewölbte Glabella zeigt die dritten schräg nach hinten gerichteten Seitenfurchen; die auf den Wangen sitzenden Augen sind weggebrochen. Nach Fr. Schmidt[1] kommt H. Spaski im Echinosphaeritenkalk C₁ vor.

III. Fam.: Ampycidae.

Gattung: Ampyx Dalman.

Mit Angelin[2] unterscheiden wir folgende Untergattungen:

---
1) Fr. Schmidt: Rev. d. Ostbalt. Sil. Trilob. pag. 21.
2) cf. Angelin: Pal. Scand. pag. 80.

1. Ampyx Dalm. s. str.: Die Glabella ist gedrungen mit drehrundem Stirnfortsatz und seitlichen Eindrücken. 6 Leibesringel.
2. Lonchodomas Angel: Die Glabella geht allmählich in einen langen Stirnfortsatz über, der einen mehr oder weniger prismatischen Durchschnitt zeigt. 5 Leibesringel.
3. Raphiophorus Angel: Die Glabella geht plötzlich in einen oft kantigen Stirnfortsatz über. 5 Leibesringel.

I. Ampyx Dalman, s. str.

Ampyx foveolatus. Angelin. Taf. IV. Fig. 17. 17a.

1852 (1878). Ampyx foveolatus Angelin: Pal. Scand. pag. 80. Taf. XL. Fig. 2.

Das Bruchstück eines Kopfschildes lag mir vor. Randsaum und Randfurche sind deutlich ausgebildet. Die Glabella ist breit, stark gewölbt, von rechts und links oben etwas zusammengedrückt; nach vorn verjüngt sie sich schnell in eine feine drehrunde etwas nach oben gerichtete Spitze. Jederzeit sind auf der Glabella zwei grubenförmige Vertiefungen vorhanden, die schräg von vorn unten nach hinten oben gehen. Bei ihrer Einmündung in die Nackenfurche sind die Rückenfurchen tiefer eingedrückt.

Fundort: Nasser Garten bei Königsberg.

A. foveolatus wurde in einem dem Echinosphäritenkalk ähnelnden Gestein gefunden. Angelin erwähnt unsere Art aus Dalekarlien.

2. Lonchodomas Angelin.

Ampyx (Lonchodomas) rostratus Sars. Taf. IV. Fig. 18. 19. 20. 21. 21a.

1835. Ampyx rostratus Sars: Ueb. einige neue od. unvollst. bek. Tril. — Okens Jsis. pag. 334. Taf. VIII. Fig. 13.
1854 (78). Lonchodomas rostratus Angelin: Pal. Scand. pag. 82. Taf. XL. Fig. 11.
1874. Ampyx (Lonchodomas) rostratus Steinhardt: Pr. Trilobiten pag. 38. Taf. IV. Fig. 10. Taf. V. Fig. 7a. b.

Das Kopfschild ist länglich dreieckig mit ziemlich langen divergierenden Wangenhörnern. Die hochgewölbte Glabella geht allmählich in einen langen geraden Stirnstachel über. Die Glabella ist gekielt, auf ihrem vorderen Teil und auf dem Stirnfortsatz verläuft eine feine Rinne. Am Grunde der Glabella findet sich zu beiden Seiten des Kieles eine kaum vertiefte kreisförmige Zeichnung, die bei fehlender Schale deutlicher hervortritt. Rückenfurchen mit je einem kurzen Schlitz.

Der Leib besteht aus 5 Ringeln mit flacher, schmaler Spindel und längsgefurchten Pleuren.

Das Schwanzschild ist mehr als dreimal so breit als lang. Die Spindel ist flach gewölbt und ebenso wie die Seitenteile undeutlich gegliedert.

Die Schale ist glatt; am Vorderteile der Glabella und am Stirnstachel treten feine längsgestellte Terrassenlinien auf.

A. rostratus ist mehrfach in Ost- und Westpreussen gefunden worden. Nach

Remelé[1]) kommt A. rostratus im Chasmopskalk Westergötlands vor (dem obersten Echinosphaeritenkalk entsprechend). Aus dem russischen Silur habe ich unsere Art nicht erwähnt gefunden.

3. Raphiophorus Angelin.

Ampyx (Raphiophorus) culminatus Angelin. Taf. IV. Fig. 22.

1852 (1878). Raphiophorus culminatus Angelin: Pal. Scand. pag. 82. Taf. XL. Fig. 8.
1874. Ampyx (Raphiophorus) culminatus. Steinhardt: Pr. Trilob. pag. 39. Taf. IV. Fig. 11.

Steinhardt beschreibt am angef. Orte eine kleine Glabella, die der Angelinschen Bestimmung von A. culminatus vollständig entspricht und welche ich hier citiere. Die nach vorn plötzlich in einen dünnen Stachelfortsatz verlängerte Glabella trägt am Grunde jederseits eine tief eingedrückte Grube.

Die Abbildung Taf. IV. Fig. 22. ist eine Copie der Steinhardtschen Abbildung nach einem Stück der Sammlung des Herrn Mascke, Ostpreussen.

A. culminatus gehört dem Chasmopskalk Westergötlands an.[2])

Ampyx (Raphiophorus) setirostris Angelin.

1852 (1878). Raphiophorus setirostris Angelin Pal: Scand. pag. 81. Taf. XL. Fig. 6.
174. Ampyx setirostris Kiesow: Sil. u. Devon. Gesch. W.-Pr. pag. 85. Taf. IV. Fig. 13.

Ein kleines Schwanzschild zeigt die dieser Art eigene Ausbildung: die Spindel zeigt 6 undeutliche Glieder, während auf den Seitenteilen 4 Pleuren angedeutet sind, welche schwach gefurcht erscheinen.

Länge 4,5 mm, Breite 11 mm, Spindelbreite 3 mm.

Fundort: Königsberg Ostpr. [Königsthal Westpr.]

Das Schwanzschild lag in einem Geschiebe vom Alter des Echinosphaeritenkalkes. Seine Heimat ist jedenfalls, wie die der anderen Ampyciden aus unseren Geschieben, in Schweden zu suchen.

IV. Fam.: Phacopidae.

Gattung: Phacops Emmrich.

Salter[3]) und Fr. Schmidt[4]) unterscheiden folgende Untergattungen:
1. Trimerocephalus M.'Coy.
2. Phacops Emmrich s. str.
3. Acaste Goldfuss.
4. Dalmania Emmrich.
5. Cryphaeus Green.
6. Pterygometopus Fr. Schmidt.

---

1) cf. Remelé: Unters. üb. d. versteinerungführenden Diluvialgeschiebe I. St. 1883. pag. 50.
2) cf. Remelé; l. c. pag. 134.
3) cf. J. W. Salter: A. Monograph of. t. Brit. Trilob. pag. 12 ff.
4) cf. Fr. Schmidt: Revis. d. Ostbalt. sil. Trilob.: I pag. 60 ff.

7. Chasmops M'Coy.
8. Monorakos Fr. Schmidt.[1])

Von diesen 8 Untergattungen kommen 5 in unseren Geschieben vor (Phacops, Acaste, Dalmania, Pterygometopus, Chasmops); Trimerocephalus, Monorakos und Cryphacus sind im baltischen Silur bisher nicht gefunden.

I. Phacops Emmr. s. str.

Bezugnehmend auf das pag. 9 gesagte, gebe ich auf Taf. VI. Fig. 15 u. 15a. die Abbildungen des Kopf- und Schwanzschildes des von Herrn Conrector Seydler angeblich bei Braunsberg gefundenen Exemplares von Ph. latifrons Burm.

Phacops prussica. n. sp. Taf. I. Fig. 28. 28a.

Zwei Kopfschilder lagen mir vor, die dem Ph. elegans Schmidts[2]) ziemlich nahe stehen, die ich aber doch einiger besonderer Merkmale wegen nicht mit dieser Art vereinigen konnte.

Das Kopfschild ist abgerundet dreiseitig mit gerundeten Hinterecken. Der Vorderrand ist an den Seiten vor der Glabella etwas eingebuchtet. Der Randsaum ist vorne sehr schmal, nur durch eine feine Furche vom Kopfschilde abgeschnürt, nach den Seiten wird er breiter; er ist hier von einer breiteren, flachen Randfurche begleitet, die sich in den Hinterecken mit der Hinterrandfurche vereinigt. Die Rückenfurchen divergieren sehr stark. Die Glabella ist mässig gewölbt, von abgerundet fünfeckiger Form. Die ersten Seitenfurchen bestehen aus zwei im stumpfen Winkel zu einander liegenden Stücken, welche nicht zusammenstossen. Der vordere, tiefere Ast geht von den Rückenfurchen schräg nach hinten; der zweite Ast bildet einen flachen nach vorn gerichteten Bogen und liegt etwa dem Hinterrande parallel; er bildet einen sehr feinen fadenförmigen Eindruck. Die zweiten Seitenfurchen sind ebenso ausgebildet, wie die inneren Aeste der ersten und laufen ihnen parallel. Die dritten Seitenfurchen sind tief, sie gehen von den Rückenfurchen aus und schnüren die Glabella so stark ein, dass deren vorderer Teil gestielt erscheint. Die allein deutlich von der Glabella abgeschnürten dritten Seitenlappen bilden einen schmalen, in gestielten Knöpfchen endenden Ring. Von der Vereinigung der dritten Seitenlappen bis etwa zur Mitte der Glabella geht ein deutlicher Kiel. Die Gesichtsnähte gehen vom Aussenrande aus im Bogen zu den Augen, vor denselben convergieren sie etwas, überschreiten die Rückenfurchen und laufen auf dem Rande des Stirnlappens entlang, um vor demselben im Bogen zusammenzustossen. Die Augen sind ziemlich gross und ragten, wie das eine der Stücke erkennen lässt, kaum über die Glabella hervor; sie sind am Grunde von einer Furche umgeben.

Der Nackenring ist schmal und kaum höher gewölbt als die Glabella. Die Oberfläche ist fast ganz glatt, nur auf dem Stirnlappen sind flache Grübchen zu erkennen. Der Umschlag bildet ein schmales schräg gestelltes Band mit abgerundeter oberer Kante.

---

1) cf. Fr. Schmidt: Ueber einige neue ost-sibirische Trilob. u. verw. Tierformen. Bullet. d. l'Acad. imp. d. sc. d. St. Petersbg. XXX. 1886. pag. 500.
2) cf. Fr. Schmidt: Rev. I. pag. 72.

Maasse des Kopfes: Länge 13 u. 8 mm, Breite 22 u. 14 mm, Breite des Stirnlappens 14 u. 8 mm.

Fundorte: Wohlau und Cranz in Ostpreussen. Das Gestein ist ein krystalliner gelblich-grauer obersilurischer Kalk.

Von Ph. elegans[1]) ist Ph. prussica durch die abgerundeten Hinterecken — sie sind auch auf dem Steinkern abgerundet —, durch den etwas ausgeschweiften Vorderrand, durch den Kiel auf der Glabella und die grösseren Augen verschieden. Mit Ph. Stokesi[2]) hat unsere Art die grösseren Augen gemein, doch divergieren die Rückenfurchen bei Ph. Stokesi stärker, und dann zeigt die Salter'sche Abbildung (Taf. II. Fig. 2a) die Aeste der ersten Seitenfurchen ungetrennt!

2. Acaste Goldf.[3])

Phacops (Acaste) Downingiae Murchison. Taf. I. Fig. 27. 27a. 27b. 27c.

1862. Phacops Downingiae Murchison in Salter: A. Monograph. pag. 24. Taf. II. Fig. 17—36.
1874. Phacops dubius Steinhardt: Pr. Trilob. pag. 14. Taf. I. Fig. 7.
1882. Phacops Downingiae Fr. Schmidt: Rev. I. pag. 75. Taf. I. Fig. 2. Taf. XI. Fig. 18.
1885. Phacops Downingiae Lindström: Förtecku. på Gotl. Sil. Crust. pag. 42.
1888. Ph. Downingiae Wiegand: Mcklenburg. Trilob. in D. Geol. 1886 pag. 4. Taf. VII. Fig. 2, 3.

Ausser einer grossen Menge von Glabellen und Schwanzschildern liegt mir auch das von Steinhardt a. a. O. als Ph. dubius Nvczk. beschriebene Kopfschild vor, aus dessen genauer Untersuchung ich die Ansicht Schmidt's[4]), dass Ph. dubius Steinh. dem Ph. Downingiae Murch. zuzuzählen sei, vollständig bestätigt finde. Wiegand, der ebenso wie Schmidt den Ph. dubius bei Steinhardt von Ph. dubius Nieszkowski[5]) trennt, hält ersteren für eine selbständige Art.[6]) Die genaue Vergleichung der Steinhardt'schen Abbildung mit der Wiedergabe seines Originals auf Taf. I. Fig. 27. zeigt, dass Wiegand durch Steinhardt's undeutliche Zeichnung irregeleitet ist.

Das Kopfschild ist gerundet dreiseitig mit abgerundeten Hinterecken; der Vorderrand ist nach vorne vorgezogen, gerundet (bei Steinhardt bildet er einen stumpfen Winkel). Die Rückenfurchen divergieren nach vorne, sie sind fast vollkommen gerade. Auf der Glabella sind drei Paare von Seitenfurchen vorhanden; die ersten Seitenfurchen bestehen aus zwei, ein sehr stumpfes Knie bildenden Stücken und gehen von den Rückenfurchen aus. Die zweiten Seitenfurchen erreichen die

---
1) cf. Fr. Schmidt: Rev. I. Ph. elegans pag. 72. Taf. I. Fig. 1. Taf. X. Fig. 10—12. Taf. XI. Fig. 17.
2) cf. J. W. Salter: A. Monograph: pag. 21.
3) Der Auffassung Lindströms, Acaste zu Phacops s. str. zu zählen, weil es bereits eine Cirrhipedengattung Acasta Leach giebt, kann ich mich bei den ausgezeichneten Unterscheidungsmerkmalen zwischen Acaste u. Phacops nicht anschliessen (cf. Lindström: Förteckning på Gotlands sil. Crust. 1885 pag. 42).
4) cf. Fr. Schmidt l. c. pag. 75, 76.
5) cf. Nieszkowski: Monographie der Trilobiten: Ph. dudius pag. 19 (533) Taf. I. Fig. 1.
6) cf. Wiegand: l. c. pag. 42.

Rückenfurchen nicht; die dritten gehen deutlich von den Rückenfurchen aus. Der Nackenring ist über die Glabella gewölbt. Die Oberfläche ist fast glatt, mit feinen Pünktchen besetzt, auf dem Stirnlappen treten kleine Höckerchen auf. Das Schwanzschild ist fast halbkreisförmig. Die Spindel trägt bis 9 Glieder, die Seitenteile haben 6—7 schwach gefurchte Pleuren. Um das ganze Schild läuft ein schmaler Saum.

Fundort: In Ost- und Westpreussen sehr häufig in Beyrichien Kalken.

In Estland ist Ph. Downingiae am Okkessare-Pank auf Oesel (Obere Oesel'sche Schicht K) anstehend gefunden; im gotländischen Ober-Silur ist die Art ebenfalls verbreitet.

3. Dalmania Emmr.[1]

Phacops (Dalmania) imbricatula Angelin. Taf. I. Fig. 29.

1852 (1878). Phacops imbricatula Angelin: Pal. Scandin. pag. 10. Taf. VIII. Fig. 3.

Ein grosses breit dreieckiges Schwanzschild zeigt auf der Spindel 17 Glieder, auf den Seitenteilen 10 gefurchte, an ihrem äusseren Ende etwas zurückgebogene Pleuren. Das Schwanzschild ist von einem ziemlich breiten gewölbten Randsaum umgeben. Der Hinterrand ist zu einem Stachel ausgezogen.

Länge des Schwanzschildes bis zum Stachel 30 mm, Breite 42 mm, Spindelbreite 10 mm.

Fundort: Ostpreussen ohne nähere Angabe und Marienwerder, Westpreussen. Anstehend ist Ph. imbricatula im Ober-Silur Gotlands gefunden.

Phacops (Dalmania) caudata Brünnich. Taf. I. Fig. 30. 30a.

1852 (1878). Phacops caudatus Brünn. in Angelin: Pal. Scand. pag. 10. Taf VIII. Fig. 2.
1874. Dalmania caudata Steinhardt: Pr. Trilobiten. pag. 17. Taf. I. Fig. 8.
1885. Phacops vulgaris Salter in Lindström: Gotlands Crustac. pag. 87. Taf. XII, Fig. 1.2.5.6

Mehrere kleine Schwanzschilder zeigten die für diese Art charakteristische Ausbildung: sie sind breit dreieckig, mit abgerundeten Vorderecken. Die Spindel besteht aus 12 Ringeln, von denen die vorderen je 2 Knötchen tragen. Auf den Seitenteilen treten 7 gefurchte, geschwungene Rippen auf. Der Randsaum ist schmal und weniger gewölbt als bei Ph. imbricatula. Der Hinterrand ist zu einem Stachel ausgezogen.

Die Stücke lagen zum Teil in graulich grünem Gestein (vergl. pag. 9), zum Teil in gelblichem, krystallinem Kalk.

Fundort mehrfach in Ost- und Westpreussen gefunden.

Anstehend ist Ph. caudata von Gotland bekannt.

---

[1] Dalmania Emmr. ist nicht gleichwertig der Gattung Dalmanites Barr., da Barrande zu Dalmanites alle Phacopsarten zählt, die zur Bildung von Wangenhörnern neigen, so dass dann also auch die Chasmopsarten zu Dalmanites gehören würden. Ferner rechnete Barrande auch Acaste zu Dalmanites (cf. Barrande l. c. I. pag. 528 ff.). Barrande verwarf den Emmrich'schen Namen Dalmania, da er 1840 von Robineau Desvoidy bereits einer Dipterengattung beigelegt worden ist (cf. Barrande l. c. I. pag. 341). Dalmania bildet jedoch im Emmrich'schen Sinne eine gut umschriebene Gruppe, für die dieser ältere Name beizubehalten ist.

4. Pterygometopus Fr. Schmidt.

Phacops (Pterygometopus) exilis Eichwald. Taf. I. Fig. 15.

1857. Phacops dubius Nieszkowski: Monographie pag. 19 (533), Taf. I. Fig. 1. 2.
1860. Acaste exilis Eichwald: Lethaea rossica pag. 1423. Taf. LII. Fig. 28.
1882. Phacops exilis Fr. Schmidt: Rev. I. pag. 86. Taf. I. Fig. 18—21. Taf. XII. Fig. 13.

Einige Kopfschilder dieser Art liessen sich noch mit Sicherheit bestimmen. Sie sind ungefähr halbkreisförmig, mässig gewölbt. Der Kopfumschlag ist vorn gerundet, an den Seiten lässt er eine scharfe obere Kante erkennen. Der grosse Stirnlappen ist seitlich zu Flügeln ausgezogen, welche etwa $^1/_2$ der Wangenlänge erreichen. Die vorderen Zweige der Gesichtsnaht sind auf dem Stirnlappen als ganz feine, im Bogen zur Mitte des Vorderrandes gehende eingedrückte Linien zu erkennen. Die ersten Seitenlappen sind gerundet dreieckig, die zweiten und dritten bilden fast gleich grosse, länglich viereckige, flache Lappen. Der Nackenring ist ziemlich hoch gewölbt, mit einem kräftigen Mittelhöcker verziert. Die Oberfläche der Glabella ist dicht mit Höckerchen besetzt, während die Wangen nur eingestochene Grübchen erkennen lassen.

Maasse des Kopfes: Länge 13 mm, Breite 25 mm.

Fundorte: Sorritten bei Memel, Ostpreussen. Marienburg, Westpreussen.

Ph. exilis gehört dem Echinosphaeritenkalk an und ist bisher nur in Estland anstehend gefunden.

Phacops (Pterygometopus) laevigata Fr. Schmidt. Taf. I. Fig. 20 a b c.

1882. Phacops laevigata Fr. Schmidt: Rev. I. pag. 88 u. 235. Taf. I. Fig. 22. Taf. X. Fig. 13. 14. Taf. XII. Fig. 14. 15. Taf. XV. Fig. 24.
1884. Phacops laevigata Kiesow: Sil. u. Devon. Gesch. W.-Pr. pag. 75.

Die mir allein vorliegenden Kopfschilder sind etwa $1^1/_2$—2 mal so breit als lang, stark gewölbt, mit gerundeten Hinterecken. Die Rückenfurchen divergieren nach vorne stark, biegen nach aussen um und münden in stumpfem Winkel in die flachen Seitenrandfurchen. Der Stirnlappen ist nach den Seiten in spitzige Hörner ausgezogen, über deren Grund die Gesichtsnähte als feine Eindrücke verlaufen. Drei Paare von Seitenfurchen sind als schmal eingedrückte Rinnen ausgebildet. Der Zwischenraum zwischen den Seitenfurchen auf der Glabella ist breiter als die Seitenlappen selbst. Die Augenhügel sind hoch, in 16 senkrechten Linsenreihen zähle ich je fünf Linsen. Der Nackenring ist breit, hochgewölbt, in der Mitte mit einem Knötchen verziert. Die Oberfläche der Glabella ist glatt, oder mit wenigen Höckerchen besetzt. Im vorderen Teile derselben treten zwei divergierende Grübchenreihen auf; das auf Taf. I. Fig. 20 abgebildete Exemplar trägt merkwürdigerweise statt der Grübchen- zwei Knötchenreihen.

Ph. laevigata gehört der Jeveschen Schicht Estlands an, die Art ist in Geschieben dieses Alters sowohl in Ost- als Westpreussen gefunden.

Phacops (Pterygometopus) Kegelensis Fr. Schmidt. Taf. I. Fig. 19.

1882. Phacops Kegelensis Fr. Schmidt: Rev. I. pag. 91. Taf. XI. Fig. 8. Taf. XII. Fig. 19. Taf. XV. 25. 26.

Das Kopfschild ist sehr flach, gleichmässig gerundet. Der Stirnlappen ist seitlich zu flachen Hörnern ausgezogen, die deutlich vom Mittelkörper durch die Gesichtsnähte abgetrennt werden. Die drei Seitenfurchenpaare sind deutlich und tief ausgebildet. Die zweiten und dritten Seitenfurchen laufen etwas schräg nach vorn. Die zweiten und dritten Seitenlappen sind fast vollständig gleichgebildet, sie nehmen etwa ein Drittel der Glabellabreite ein. Die Oberfläche der Glabella ist fein gekörnelt. Ph. Kegelensis kommt anstehend in der Jeweschen Schicht (D) Estlands vor. -- Taf. I. Fig. 19 giebt das einzige Bruchstück dieser Art aus einem Ostpreussischen Geschiebe wieder.

5. Chasmops. M'Coy.
Phacops (Chasmops) praecurrens Fr. Schmidt. Taf I. Fig. 4. 4a.

1882. Phacops praecurrens Fr. Schmidt: Rev. I. pag. 98. Taf. II. Fig. 14, 15. 17. Taf. XV. Fig. 29.

Einige Kopfschilder dieser Art lagen mir vor. Der Umriss ist beinahe halbkreisförmig; die Hinterecken waren nach Schmidt zu langen Hörnern ausgezogen. Die Rückenfurchen gehen nach vorn stark auseinander und münden in die nicht sehr tiefe Randfurche. Die Glabella ist stark gewölbt, nach vorn steil abfallend. Der Stirnlappen ist oval, seitlich über die ersten Seitenlappen etwas hervorragend. Die ersten Seitenlappen sind rundlich dreieckig, ihre Länge an den Rückenfurchen ist grösser als die des Stirnlappens an den Rückenfurchen. Die zweiten Seitenlappen sind klein, schmal, schräg nach hinten gerichtet, ihre Länge beträgt bis zwei Drittel des Hinterrandes der ersten Seitenlappen; die dritten bilden einen schmalen Ring. Der Nackenring ist stark gewölbt und mit einem kräftigen Mittelhöcker verziert. Die Wangen fallen ziemlich steil ab. Die Oberfläche des ganzen Kopfschildes ist mit Höckern besetzt, die auf der Glabella besonders dicht und stark sind.

Masse: Länge des Kopfes 13 mm, 20 mm. Breite 27 mm, 38 mm.
Ph. praecurrens gehört dem Echinosphaeritenkalk C1 Estlands an.
Die mir vorliegenden Kopfschilder stammen aus Ostpreussen.

Phacops (Chasmops) Odini Eichwald. Taf. I. Fig. 2. 2a. Taf. VI. Fig. 33.

1857. Phacops conophthalmus Nieszkowski: Monographie pag. 20 (534).
1860. Chasmops Odini Eichwald: Lethaea rossica pag. 1429. Taf. LII. Fig. 32.
1874. Chasmops conicophthalmus Steinhardt: pag. 15 (z. T). Taf. I. Fig. 4.
1882. Phacops Odini Fr. Schmidt: Rev. I. pag. 99. Taf. II. Fig. 1—13. Taf. XV. Fig. 30.

Das Kopfschild ist halbkreisförmig mit langen säbelförmigen Wangenhörnern. Der Vorderrand ist an den Seiten der Glabella etwas eingebuchtet. Eine Randfurche umgiebt das ganze Kopfschild; sie bildet vor der Glabella eine ganz schmale Rinne, auf den Wangen verbreitert sie sich und geht, schwächer werdend, auf die Wangenhörner über. Der Umschlag bildet ein schmales, schräg gestelltes Band, oben und unten mit scharfer Kante. Die Glabella ist kräftig gewölbt, nach vorn steil abfallend. Der Stirnlappen ist nicht ganz so breit, als das Kopfschild lang ist; er bildet ein gleichmässiges Oval. Die ersten Seitenlappen bilden gewölbte dreieckige Erhöhungen; alle Winkel des ersten Seitenlappens sind spitz, er nimmt an der Rückenfurche dieselbe Länge ein, wie der Stirnlappen. Die zweiten Seitenlappen bilden kleine deutliche Knötchen; die dritten bilden einen Ring, der etwas schmäler und kürzer ist als der kräftig gewölbte Nackenring. Die Augen sind gross, etwa so lang, wie die ersten Seitenlappen, am Grunde von einer Furche umgeben. Die senkrecht abfallenden Wangenhöcker sind niedriger als die Glabella. Die Oberfläche ist fast glatt bis fein chagrinartig, die Wangenhöcker sind mit dicht gestellten Grübchen bedeckt.

Die Schwanzschilder sind breit, (Länge : Breite = 3 : 4), stark gewölbt, seitlich zusammengedrückt, hinten etwas abgestutzt. Die Spindel ist hoch gewölbt, breiter als ein Drittel des ganzen Schildes; sie besteht aus 9—11 Gliedern. Die Seitenteile haben bis 10 Pleuren, von denen die ersten 5—6 gefurcht sind, die letzten Pleuren laufen der Axe parallel.

In Ost- und Westpreussen ziemlich häufig im Echinosphaeritenkalk gefunden, doch meistens nur Schwanzschilder. Das einzige Kopfschild, dass ich mit Sicherheit zu dieser Art stellen kann, ist das auf Taf. VI. Fig. 33 abgebildete aus einem Ostpreussischen Geschiebe.

Heimat: Estland. Echinosphaeritenkalk.

Die var. Itferensis Schmidt[1]) mit kürzeren Wangenhörnern und mehr dreieckigem Schwanzschilde habe ich nicht beobachten können.

Von der nahe verwandten schwedischen Art Ph. conicophthalma Ss. et Boeck erwähnt Kiesow[2]) ein kleines Schwanzschild aus Westpreussen. Ph. conicophthalma zeichnet sich durch ganz kurze Wangenhörner und kürzere erste Seitenlappen aus, das Schwanzschild ist stets 11 gliedrig und gleichmässig gerundet.

Phacops (Chasmops) cf. marginata Fr. Schmidt. Taf. I. Fig. 1. 3. u. 24.

1882. Phacops marginata Fr. Schmidt: Rev. I. pag. 104. Taf. III. Fig.5.6.7. Taf. X. Fig.15.

Mehre Kofschilder zeigen geringe Abweichungen von der Schmidtschen Art. Sie sind mehr als doppelt so breit als lang; der Randsaum ist vor dem Kopfschilde nicht so breit, wie die Abbildungen 5 und 7 bei Schmidt für Ch. marginata angeben, und dann ist der Umschlag bis ziemlich zur Hälfte der Wangenhörner mit einer scharfen äusseren Kante versehen (bei Ch. marginata soll diese Kante nur bis zum Beginn der Wangenhörner gehen). Der grosse Stirnlappen ist wie bei Ch. marginata breiter als die ganze Länge des Kopfschildes und zeigt vorn deutlich die divergierenden Grübchenreihen. Die Seitenrandfurche geht deutlich in die Hinterrandfurche über. Der Wangenhöcker ist niedriger als die Glabella. Die Oberfläche erscheint auf den mir vorliegenden Stücken (es sind Steinkerne) fast ganz glatt, nur auf den Wangenhöckern sind feine Grübchen eingedrückt.

---

1) cf. Fr. Schmidt l. c. pag. 102.
2) cf. Kiesow: Sil. u. Dev. Gesch. pag. 77.

Mit dem einen der Stücke wurde das auf Taf. I Fig. 3 abgebildete Hypostom zusammengefunden; es ist länglich eiförmig, mit stark ausgezogenem Hinterrande.[1]) Das Mittelstück ist stark gewölbt, mit wenigen flachen Höckern besetzt, und durch kurze Mittelfurchen in einen grossen Vorderlappen und einen kleinen, schmaleren Hinterlappen geteilt.

Maasse des Kopfes: Länge 19 mm, Breite 42 mm, Breite des Stirnlappens 21,5 mm.
„ 18 „ „ 40 „ „ „ „ 19 „

Das auf Taf. I Fig. 24 abgebildete Schwanzschild stimmt mit dem von Schmidt (Taf. III Fig. 6) abgebildeten ziemlich gut überein, so dass ich dasselbe auch zu Ph. cf. marginata stelle: es ist sehr breit, fast halbkreisförmig (12 mm : 20 mm) und nicht so stark gewölbt wie die Schwanzschilder von Ph. Odini. Die Spindel nimmt etwa ½ der Breite ein (bei Schmidt ist sie etwas breiter) und besteht aus 8 Gliedern; die Seitenteile tragen 7 Pleuren, von denen die ersten 2—3 ganz schwach gefurcht sind; die letzten Pleuren sind sehr undeutlich ausgebildet. Die Schmidtsche Abbildung zeigt die letzten Pleuren auch noch deutlich, und auf den 4 ersten Pleuren Mittelfurchen, während ich bei meinem Stücke nur auf den ersten 2 und 3 Pleuren ganz schwache Furchen beobachten kann.

Ph. cf. marginata ist mehrfach in Ostpreussen gefunden worden. Das Gestein ähnelt dem der Jeweschen Schicht.

Phacops (Chasmops) bucculenta Sjögren. Taf. I. Fig. 16. 17.

1852 (1878). Phacops bucculenta Sjögren in Angelin: Pal. Scand. pag. 9. Taf. VII. Fig. 1 u. 2.
1882. Phacops bucculenta Fr. Schmidt: Rev. I. pag. 105. Taf. III. Fig. 1—4. Taf. X. Fig. 16.

Ph. bucculenta ist eine der Ph. marginata nahe verwandte Form, die sich durch folgende Merkmale auszeichnet: Das Kopfschild ist etwa halbkreisförmig, der Vorderrand gleichmässig gebogen bis abgestutzt: die Hinterecken sind in breite säbelförmige Wangenhörner ausgezogen. Der Randsaum ist vor der Glabella ganz schmal, auf den Wangen wird er breiter und ziemlich flach. Der Umschlag bildet ein flaches, oben und unten scharfkantiges Band. Die Glabella ist nach vorne zu sehr kräftig gewölbt, zwischen den Augen ist sie niedergedrückt. Der Stirnlappen ist gross, breiter als die Länge des Kopfschildes, mit flachem Vorderrande. Die ersten Seitenlappen sind klein, rundlich dreieckig und durch tiefe Furchen fast ganz von der Glabella abgeschnürt; die zweiten bilden ganz kleine Knötchen, die dritten einen schmalen Ring. Die Wangenhöcker sind sehr hoch, höher als die Glabella, und steil nach den Seiten abfallend; auf ihrer Vorderseite sind die Gesichtsnähte tief eingedrückt. Die hohen Wangenhöcker und die verhältnismässig kleinen ersten Seitenlappen sind besonders charakteristisch für diese Art.

Ch. bucculenta gehört der Jeweschen Schicht an und ist anstehend sowohl in Estland als in Schweden gefunden. Unsere Stücke stammen wohl aus Estland.

---

[1] In Bezug auf die Benennung der einzelnen Teile des Hypostoms schliesse ich mich an Novák an. cf. A. Novák: Studien an Hypostomen böhmischer Trilobiten. I u. II. Sitzungsber. d. Kgl. Böhm. Ges. d. Wissenschaften. Prag 1874 (475—483) und 1884 (212—229).

Bruchstücke dieser Art sind öfters in Ost- und Westpreussen gefunden worden. Das auf Taf. I. Fig. 17 abgebildete Kopfschild giebt die Seitenansicht eines etwas verdrückten Exemplars, das durch die Ausbildung eines breiten vorderen Randsaumes an Ph. Wrangeli Fr. Schmidt[1]) erinnert, während der stark gewölbte Stirnlappen und der vorn nur wenig aufgeworfene Rand die Zugehörigkeit zu Ph. bucculenta beweisen.

Phacops (Chasmops) Wesenbergensis. Fr. Schmidt. Taf. I. Fig. 14. 14a. 15.

1882. Phacops Wesenbergensis Fr. Schmidt: Rev. I. pag. 115. Taf. IV. Fig. 10. 12. Taf. V. Fig. 1—7. Taf. X. Fig 20.
1888. Phacops Wesenbergensis Wiegand: Mecklenb. Trilob. pag. 52. Taf. VII. Fig. 3.

Das Kopfschild ist fast halbkreisförmig, mit langen, schräge stehenden Waugenhörnern; der Vorderrand ist etwas emporgewölbt, der Umschlag gerundet. Die ziemlich stark gewölbte Glabella ist nach vorne sehr verbreitert. Der Stirnlappen ist breiter als die ganze Länge des Kopfschildes, sein Umriss ist fast ganz elliptisch; in den Vorderrand geht er in ziemlich starker Wölbung, ohne einen deutlichen Randsaum zu bilden über. Die ersten Seitenlappen sind gross, dreieckig, mit spitzem innerem Winkel; ihre Aussenseite nimmt fast die Hälfte der Rückenfurchenlänge ein. Die zweiten Seitenlappen sind nur als schwache Knötchen ausgebildet; die dritten bilden einen schmalen Ring. Die Glabella ist dicht mit Höckerchen besetzt. Die Gesichtsnaht verläuft vor der Glabella auf dem Aussenrande.

Die nicht sehr stark gewölbten Wangen sind von dem gerundeten Seitenrande durch breite Randfurchen geschieden, die sich mit der Hinterrandfurche vereinigen. Das Hypostom ist länglich eiförmig mit zungenartig ausgezogenem Hinterrande und starken Vorderflügeln.

Das Schwanzschild ist parabolisch mit gleichmässig abfallenden, kräftig gewölbten Seitenteilen. Die Spindel und die Seitenteile tragen bis 14 Glieder.

Maasse: Kopf: Länge 18 mm, Breite 36 mm, Breite des Stirnlappens 19 mm.
Schwanzschild: Länge 24 mm, Breite 29 mm, Spindelbreite 11 mm.

Ch. Wesenbergensis ist sowohl in Ost- als Westpreussen in Geschieben vom Alter der Wesenberger Schicht gefunden worden; seine Heimat ist Estland.

Phacops (Chasmops) macroura Sjögren. Taf. I. Fig. 7. 7a. 9. 10 (8. 11?).

1852 (1878). Phacops macroura Sjögren in Angelin: Pal. Scand: pag. 9. Taf. 7. Fig. 3. 4.
1888. Phacops macroura. Wiegand: Mecklenb. Trilob. pag. 49. Taf. VII. Fig. 1. a. b.

Das Kopfschild ist etwa halbkreisförmig. Die Hinterecken sind zu senkrecht stehenden, breiten, säbelförmigen Hörnern ausgezogen. Der Randsaum ist vor der Glabella aufwärts gebogen, an den Seiten ist er durch eine breite Furche von den Wangen getrennt; vor dem Beginn der Wangenhörner biegt diese Furche deutlich zu der Hinterrandfurche um. Die Glabella ist stark gewölbt, deutlich mit Höckern besetzt. Der Stirnlappen ist an seinen Ecken abgerundet, sein Vorderrand ist flach

---
1) cf. Fr. Schmidt: Rev. I. pag. 107. Taf. XI. Fig. 10.

gewölbt, doch auch wie die Stücke 7 und 8 zeigen, gradlinig bis ein wenig concav:[1]) seine Breite ist nicht ganz der Länge des Kopfes gleich, seine Ausdehnung an der Rückenfurche ist kleiner als die der ersten Seitenlappen. Diese sind gross dreieckig, ihr innerer Winkel ist 90° und grösser. Die zweiten Seitenlappen sind als kleine Knötchen ausgebildet, die dritten als schmaler Ring.

Zu Ch. macroura sind diejenigen Schwanzschilder zu stellen, deren Spindel, nach hinten stark verschmälert, fast spitz endet, und deren Seitenteile gleichmässig, mehr oder weniger flach gewölbt sind. Der Umriss des Schwanzschildes ist breit dreieckig bis parabolisch. Spindel und Seitenteile tragen bis 18 Glieder.

Ph. macroura findet sich häufig in Backsteinkalken (typische Exemplare mit vorn convexem Stirnlappen) und in einem dichten, grauen bis braunen, sehr harten kieseligen Kalke mit grossmuscheligem Bruch, Rollsteinkalk (Exemplar Taf. I. Fig. 7.). Die Stücke Taf. I. Fig. 8 und 11 lagen in einem gelbgrauen Kalke mit braunen Kluftflächen, der dem der Kegelschen Schicht ähnlich ist.

Fundorte: Ost- und Westpreussen. Anstehend ist Ph. macroura bisher nur aus Schweden bekannt.

Phacops (Chasmops) maxima Fr. Schmidt. Taf. I. Fig. 12. 13. 13a.

1882. Phacops maxima Fr. Schmidt: Rev. I. pag. 112. Taf. III. Fig. 11. Taf. IV. Fig. 1—3, 5—7. Taf. X. Fig. 17. 18. Taf. XI. Fig. 13. Taf. XV. Fig. 34. 35.

Für Ph. maxima giebt Schmidt als Unterscheidungsmerkmal von Ph. macroura an, dass der Stirnlappen vorne gradlinig bis concav sein soll; ferner bilden seine Seitenflügel stumpfe Ecken, und seine Breite ist grösser als die Länge des Kopfschildes; weiter ist der Vorderrand stark aufgeworfen, der Umschlag flach bandartig, die Hinterecken sind zu geraden, schwertförmigen Hörnern ausgezogen, die Oberfläche der Glabella ist glatt bis höchstens chagriniert. Alle diese Merkmale konnte ich bei mehreren Bruchstücken schlecht erhaltener Kopfschilder wohl unterscheiden, und sie daraufhin von Ph. macroura trennen; ohne jedoch ein wirklich gutes Stück zu finden, das annähernd die Grösse der Schmidtschen Exemplare[2]) erreicht hätte.

Mit einem der Bruchstücke wurde das auf Taf. I. Fig. 12 abgebildete Hypostom gefunden. Es ist lang eiförmig, stark gewölbt, mit grossen Vorderflügeln; der Hinterrand ist lang ausgezogen. Der Vorder- und Hinterlappen des Mittelstückes ist mit flachen Höckern bedeckt. Das Schwanzschild ist stärker und ungleichmässiger gewölbt als bei Ph. macroura, hinten abgestutzt, die Spindel ist nach hinten weniger verschmälert und endet stumpf. Das Schwanzschild trägt bis 18 Glieder; die Pleuren gehen nicht ganz bis zum Rande; die letzten laufen der Axe parallel.

Bruchstücke von Ph. maxima sind öfters in Ost- und Westpreussen in Geschieben vom Alter der Jeweschen Schicht gefunden worden, deren Heimat Estand ist.

---

[1]) Schmidt giebt (Rev. I. pag. 114) für Ph. macroura an, dass der Vorderrand des Stirnlappens nicht gerallinig, sondern seitlich convex sein soll; doch der seitlich gerundete Stirnlappen, die geringere Breite desselben und die deutliche grobe Tuberkulierung der Glabella, liessen mich die Stücke 7 und 8 zu Ph. macroura stellen und nicht zu Ph. maxima, für welche Art der vorn gerade Stirnlappen sprechen würde.

[2]) Schmidt giebt pag. 114 bei 30—35 mm Länge 60—75 mm Breite an, während unsere Stücke bis höchstens 25 mm Länge bei etwa 40—45 mm Breite zeigen.

Phacops (Chasmops) Eichwaldi Fr. Schmidt Taf. I. Fig. 21—23.

1882. Phacops Eichwaldi Fr. Schmidt: Rev. I. pag. 117. Taf. IV. Fig. 4. Taf. V. Fig. 8. 9. 10. 16. Taf. X. Fig. 21.

Das Kopfschild ist flach gewölbt, etwa eineinhalb mal so breit als lang. Die Hinterecken sind zu langen, flachen, ziemlich steil stehenden Wangenhörnern ausgezogen. Das ganze Kopfschild ist von einem flachen Randsaume umgeben, der von einer ganz flachen Furche begleitet ist, welche deutlich in die Hinterrandfurche übergeht. Die Glabella ist flach, der Stirnlappen vorn convex, nicht so breit, als das Kopfschild lang ist. Vor dem Stirnlappen sind in der Randfurche zwei Grübchen als die Enden der divergierenden Punktreihen zu erkennen. Die ersten Seitenlappen sind gross, abgerundet dreieckig; die zweiten fehlen vollständig. Die dritten Seitenlappen bilden einen schwach gewölbten schmalen Ring. Der Nackenring ist breit, kaum höher als die Glabella. Die Wangenhöcker sind etwas niedriger als die Glabella, die Augen sind sehr klein. Die Oberfläche ist glatt.

Zu Ph. Eichwaldi stellte ich die Schwanzschilder auf Taf. 1. Fig. 22 u. 23. Sie sind nicht sehr stark gewölbt, mehr oder weniger spitz endigend. Die Spindel, aus 13—16 Gliedern bestehend, nimmt etwas mehr als ein Drittel der ganzen Schildbreite ein.

Maasse: Kopf: Länge 16 mm, Breite 24 mm, Breite des Stirnlappens 13,5 mm.
Schwanzschild: Länge 16 mm, Breite 17 mm, Spindelbreite 6,5 mm.
„ 10 „ „ 12 „ „ 5,5 „

Ph. Eichwaldi ist in Ost- und Westpreussen gefunden. Anstehend ist die Art aus der Lyckholmer Zone F1 Estlands bekannt.

Das auf Taf. I. Fig. 6. 6a abgebildete Kopfschild steht seiner Ausbildung nach zwischen Ph. Eichwaldi und Ph. maxima. Es ist fast halbkreisförmig, flach gewölbt mit fast senkrecht stehenden Wangenhörnern. Von Ph. Eichwaldi unterscheidet es sich dadurch, dass die zweiten Seitenlappen als ein ganz schmaler Ring angedeutet sind; während der vorn convexe Stirnlappen, der schmäler als die Länge des Kopfschildes, das Stück von Ph. maxima trennen; ausserdem sind sämtliche Furchen des Kopfschildes viel flacher als bei Ph. maxima. Das Stück liegt in einem gelblichen, etwas erdigen Kalkstein aus Ostpreussen.

Anhang:

Ph. (Chasmops) sp. 1. Taf. I. Fig. 5. 5a giebt die Abbildung eines Schwanzschildes, das dem von Ph. bucculenta[1]) sehr ähnelt. Die sehr breite Spindel besteht aus 11 Gliedern, deren letzte undeutlich sind; die Seitenteile tragen 12 Pleuren, von denen die acht ersten deutlich gefurcht sind. Steinhardt[2]) stellte dieses Schwanzschild zu Ph. latifrons. Es liegt in einem grauen kieseligen Kalk, der dem der Jeweschen Schicht ähnelt, und ist in Ostpreussen gefunden worden.

Ph. (Pterygometopus) sp. II. Das Schwanzschild, Taf. I. Fig. 25, gehört einer Pterygometopusart an. Es ist halbkreisförmig, flach gewölbt, achtgliederig, fast

---

1) cf. Fr. Schmidt: Rev. I. pag. 106. Taf. III. Fig. 1 d.
2) cf. Steinhardt: Pr. Trilobiten pag. 12. Taf. I. Fig. 2.

alle Pleuren zeigen eine deutliche Mittelfurche, die grösste Aehnlichkeit hat es mit Ph. Panderi F. Schmidt[1]). Das Gestein ist Echinosphaeritenkalk aus Ostpreussen.

Ph. (Chasmops) sp. III. In einem graubraunen dichten Kalksteine, dem Rollsteinkalk mit Chasmops macroura von Römer[2]) entsprechend, lag das Taf. I. Fig. 32 abgebildete Schwanzschild von fast halbkreisförmigem Umriss. Die schmale Spindel lässt noch 15 Ringel erkennen, sie geht bis nahe an den Hinterrand. Die flachen Seitenteile tragen über 15 geschwungene ungeteilte Pleuren. Um das ganze Schild läuft ein flacher schmaler Randsaum. Jedenfalls gehört das Schwanzschild einer flacheren Varietät von Ph. macroura an. Fundort: Ostpreussen ohne nähere Angabe. Die Heimat wird die des Ph. macroura sein, also Schweden resp. Ooland.

Phacops sp. IV. Taf. I. Fig. 26 giebt eine kleine Glabella, die nach der Ausbildung der Seitenlappen zwischen den Arten der Untergattung Pterygometopus und den Verwandten des Phacops (Chasmops) praecurrens steht. Der Stirnlappen ist glatt, der hintere Teil der Glabella ist mit flachen Höckerchen besetzt. Lauth bei Königsberg.

V. Fam.: Cheiruridae.

Gattung: **Cheirurus. Beyrich.** Barr. Salter. Schmidt.
Ceraurus: Green. Fr. Römer. Eichw.

1. Untergattung: **Cheirurus s. str.**

Cheirurus exsul Beyrich. Taf. II. Fig. 1. 2.

1846. Cheirurus exsul. Beyrich.: Untersuchungen üb. Tril. II Stück pag. 3. Taf. IV. Fig. 6.
1852 (1878). Cheirurus exsul. Angelin: Pal. Scand. pag. 31. Taf. XXI. Fig. 2.
1860. Ceraurus exsul. Eichwald: Lethaea rossica pag. 1396.
1874. Cheirurus exsul. Steinhardt: Pr. Trilobiten pag. 57. Taf. IV. Fig. 12.
1882. Cheirurus exsul. Fr. Schmidt: Rev. I. pag. 137. Taf. VI. Fig. 5—15. (Taf. XI. Fig. 19—20. Taf. XVI. Fig. 2—4.

Kopfschilder dieser Art sind häufig in Geschieben vom Alter des Echinosphaeritenkalkes gefunden worden. Das Kopfschild ist etwa zweimal so breit als lang, von einem deutlichen Randsaum umgeben; die Hinterecken sind zu langen, divergierenden Hörnern ausgezogen. Der Rand ist vor der Glabella gerade, an den Seiten des Stirnlappens eingebuchtet, in seinem weiteren Verlauf bogenförmig, nach aussen convex. Die tiefen Rückenfurchen verlaufen fast parallel; vorn stossen sie in einer tiefen Grube mit der Vorder- und Seitenrandfurche zusammen. Die Glabella ist flach gewölbt, nach vorn ganz allmählig, zur Nackenfurche steil abfallend, ihr Umriss bildet ungefähr ein Rechteck. Die beiden ersten Seitenfurchenpaare laufen parallel, sie sind ganz wenig gebogen und stehen fast senkrecht zur Axe. Die dritten Seitenfurchen bestehen aus 2 Aesten, deren vorderer breit und tief ist und sich ein wenig nach hinten wendet, während der hintere, schwächere Ast der Axe parallel gerichtet zur Nackenfurche läuft. Der Stirnlappen bildet ein Trapez, die Seitenlappen sind ungefähr

---

1) cf. Fr. Schmidt: l. c. pag. 85. Taf. I. Fig. 15 d.
2) cf. F. Römer: Lethaea erratica pag. 48.

quadratisch und etwas kürzer als der Stirnlappen. Der Zwischenraum zwischen den Seitenlappen ist etwa ein einhalb mal so breit, als diese selbst. Die Oberfläche der Glabella ist ziemlich dicht mit runden Höckern besetzt. Die flachen Wangen sind mit feinen Grübchen und stumpfen und spitzen Erhöhungen bedeckt.

Das Hypostom ist breit eiförmig mit hoch aufgeworfenem Seitenrande. Das Mittelstück ist stark gewölbt und mit flachen Höckern besetzt.

Das Schwanzschild ist nach Schmidt[1]) viergliederig mit hochgewölbter Spindel. Jederseits sind 3 Pleuren vorhanden, von denen das erste Paar in lang säbelförmige Hörner ausgezogen ist, während das zweite und dritte Paar in sehr viel kürzere, gerade nach hinten gewendete Zacken von gleicher Länge wie der kleine Hinterlappen ausläuft.

Fundorte: Häufig in Ost- und Westpreussen.

Die Heimat unserer Geschiebe mit Ch. exsul. dürfte wohl Estland sein, obwohl die Art auch in Schweden vorkommt.[2])

Cheirurus exsul. forma gladiator. Eichwald. Taf. II. Fig. 3. 4.

1860. Cheirurus gladiator Eichwald: Lethaea rossica pag. 1392. Taf. LIV. Fig. 18.
1882. Cheirurus exsul. subsp. gladiator Fr. Schmidt: Rev. I pag. 146. Taf. VI. Fig. 11—15. Taf. XI. Fig. 19.

Von der Hauptform des Ch. exsul. unterscheidet sich die vorliegende Unterart durch die ganz glatte, sehr flach gewölbte Gabella. Der Verlauf der Seitenfurchen entspricht dem der Hauptform, nur sind die inneren Enden der Seitenfurchen durch je eine sehr flache Längsfurche verbunden, die in den zweiten Ast der dritten Furchen übergeht und mit dieser die Nackenfurche erreicht. Die Seitenlappen sind fast ebenso breit wie der Zwischenraum auf der Glabella. Die Wangen tragen breite, kräftige Augenwülste und sind ausser mit flachen Grübchen mit groben flachen Höckern verziert.

Das Schwanzschild zeigt in den Grössenverhältnissen der Pleuren einige Abweichungen von der Hauptform: Die ersten Pleuren sind in sehr grosse, gebogene Hörner ausgezogen; an ihrem Grunde zeigen sie zwischen zwei grossen rundlichen Erhöhungen eine kurze tiefe Furche. Die zweiten und dritten Pleuren sind in kürzere, breit lanzettliche, fast gerade nach hinten gerichtete Zacken ausgezogen. Der kurze dreieckige Hinterlappen erreicht die Länge der zweiten Pleuren, während die dritten darüber weit hinausragen.

Fundorte: Weklau, Ostpreussen; Rosenberg, Westpreussen.

Ch. exsul. forma gladiator gehört wie die Hauptform dem Echinosphaeritenkalk an und ist bisher nur in Estland anstehend gefunden.

Cheirurus exsul. cf. forma macrophthalma Kutorga. Taf. II. Fig. 5. 5a.

1882. Cheirurus subsp. cf. macrophthalmus Kutorga in Fr. Schmidt: Rev. I. pag. 143.
Taf. VII. Fig. 1—5. Taf. XVI. Fig. 4.

Eine gut erhaltene Glabella zeigte deutlich die von Schmidt für diese Unterart angegebenen Charaktere. Ihre äussere Form stimmt mit der der Hauptform des

---

1) cf. Fr. Schmidt: Rev. I. pag. 141.
2) cf. Angelin: Pal. Scand. pag. 32.

Ch. exsul. überein; sie ist zum Unterschiede von dieser in der Längsrichtung hochgewölbt, nach den Seiten dachförmig abfallend, die stärkste Wölbung liegt in der hinteren Hälfte; zum Vorderrande ist sie sanft abgedacht, während sie zum Nackenringe ganz steil abfällt. Die ersten beiden Seitenfurchenpaare stehen näher zusammen und sind etwas kräftiger gebogen wie bei der Hauptform, die dritten biegen schneller nach hinten um. Die Oberfläche der Glabella ist ganz glatt, während die Wangen, soweit ein kleines Bruchstück derselben erkennen lässt, nur mit gröberen, dichtstehenden Vertiefungen verziert sind.

Fundort: Rosenberg, Westpreussen.

Ch. exsul. cf. forma macrophthalma ist nach Schmidt[1]) in Estland selten, häufiger im Gouvernement Petersburg gefunden; unser Exemplar, in einem Echinosphaeritenkalkgeschiebe liegend, stammt jedenfalls aus Estland.

Cheirurus gotlandicus Lindström. Taf. II. Fig. 9. 10.

1885. Cheirurus gotlandicus Lindström: Förteckning på Gotlands sil. Crust. pag. 45. Taf. XII. Fig. 9. 10.

In einem Geschiebe weissen, krystallinen Kalkes mit Crinoidengliedern wurden mit Bumastus barriensis, Encrinurus punctatus und Calymene tuberculata zwei Bruchstücke von Glabellen und ein Hypostom gefunden, welche ich zu Ch. gotlandicus stelle. Auf der nicht sehr stark gewölbten Glabella treten drei Paare von Seitenfurchen auf; die beiden ersten sind in schwachen Bogen etwas nach hinten gewendet, während die dritten in fast gleichmässigen Bogen zur Nackenfurche gehen. Die Seitenlappen sind kurz, etwa halb so lang als der Stirnlappen. Der Raum zwischen den Seitenlappen auf der Glabella ist schmäler als die Seitenlappen selbst. Der Nackenring bildet, wie das eine der Bruchstücke zeigt, ein schmales in der Mitte nicht verbreitertes Band. Die Oberfläche der Glabella ist mit feinen Höckerchen dicht besetzt; die Oberfläche der einen vorhandenen Wange zeigt dichte eingedrückte Grübchen.

Das Hypostom, Taf. II. Fig. 10, von einem bedeutend grösseren Individuum herrührend, ist stark gewölbt, von einem breiten gewulsteten Randsaume umgeben; der Hinterrand ist schwach eingebuchtet. Das sehr kräftig gewölbte Mittelstück zerfällt in einen grossen, ovalen Vorderlappen und einen kleineren, halbmondförmigen Hinterlappen, der durch kurze schwache Mittelfurchen abgeschnürt wird. Die Oberfläche ist mit feinen dichten Knötchen bedeckt, zwischen die einzelne gröbere Höckerchen eingestreut sind.

Fundort: Rosenberg, Westpreussen.

Ch. gotlandicus ist bisher nur in Gotland anstehend gefunden worden; das Gestein entspricht dem der Lindströmschen Zone f (Crinoiden- und Korallenkalk) von Gotland[2]).

---

1) cfr. Fr. Schmidt: Rev. I pag. 145. 146.
2) cfr. Lindström: „Ueb. d. Schichtenfolge d. Sil. a. d. Insel Gotland." N. Jahr 1888. pag. 160.

Cheirurus speciosus Hisinger. Taf. II. Fig. 6.

1852 (1878). Cheirurus speciosus Hisinger in Angelin: Pal. Scand. pag. 79. Taf. XXXIX. Fig. 14.

1874. Cheirurus speciosus Steinhardt: Pr. Trilob: pag. 56. Taf. IV. Fig. 13.

Eine am Vorderrande beschädigte Glabella dieser Art lag mir vor. Sie ist nach vorne etwas erweitert, stark gewölbt. Die beiden ersten Seitenfurchenpaare sind lang, etwas nach hinten gebogen; die dritten biegen kurz nach hinten zur Nackenfurche um und schnüren die dritten Seitenlappen vollständig ab. Die ersten und zweiten Seitenlappen sind kurz: der dritte ist etwas länger. Der Abstand zwischen den gegenüberliegenden ersten und zweiten Seitenlappen ist kaum $^1/_2$ ihrer eigenen Breite, während die dritten ungefähr um ihre eigene Breite von einander entfernt sind. Der Nackenring ist schwach gewölbt, in der Mitte, zwischen den dritten Seitenlappen, etwas nach vorne vorgezogen. Die Oberfläche der Glabella ist vollkommen glatt. Die Wangen sind, soweit Angelins Abbildung erkennen lässt, mit dicht gestellten Grübchen verziert.

Fundort: Rosenberg, Westpreussen.

Ch. speciosus ist durch das ganze Ober-Silur Gotlands verbreitet.

Cheirurus dubius. n. sp. Taf. II. Fig. 7. 17.

1874. Cheirurus spinulosus Steinhardt: Pr. Trilob. pag. 56. Taf. IV. Fig. 14.

Die beiden vorliegenden Schwanzschilder sind durch die hochgewölbte, deutlich viergliederige Spindel und die drei deutlich entwickelten Pleuren, wie den kurzen dreieckigen Hinterlappen, als zu Cheirurus s. str. gehörend charakterisiert. Steinhardt hat a. a. O. beide zu Ch. spinulosus Nieszk.[1]) gestellt. Diese Bestimmung Steinhardts ist nicht richtig, da bei Ch. spinulosus die zweiten Pleuren bedeutend kürzer sind als die dritten, während unsere beiden Stücke übereinstimmend das umgekehrte Verhältnis zeigen. Nebenbei gehört Ch. spinulosus dem Echinosphaeritenkalk, resp. der Kucker'schen Schicht an, während das eine Schwanzschild (II. Fig. 17) in einem Beyrichienkalkgeschiebe, das andere in einem blaugrauen, dunklen, dichten Kalke liegt, der dem Chonetenkalke[2]) sehr ähnelt. Wir haben es hier also mit einer Obersilurischen Cheirurusart zu thun, und können deshalb die Schwanzschilder kaum auf eine der bekannten Estländischen Arten, welche alle untersilurisch sind, beziehen. Möglicherweise könnten die Schwanzschilder zu einer der gotländischen Cheirurusarten gehören, von denen man bis jetzt nur das Schwanzschild von Ch. bimucronatus Murch.[3]) kennt, dessen Pleuren jedoch alle gleich lang sind. Da aber die etwaige Zugehörigkeit der vorliegenden Stücke zu einer der Arten Ch. speciosus, conformis oder Gotlandicus, oder zu einer bis jetzt noch nicht bekannten anderen Art nicht festzustellen ist, so benenne ich die vorliegende Art Ch. dubius.

Fundort beider Stücke: Westpreussen.

Als Heimat der Art dürfte das jetzt von der Ostsee bedeckte Gebiet zwischen Gotland und Estland anzunehmen sein, vielleicht aber auch Gotland selbst.

---

1) Vergl. Ch. spinulosus Nieszk. in Fr. Schmidt. Rev. I. pag. 148 ff.
2) Nötting: Die Cambr. und Silur. Geschiebe der Prov. Ost- und Westpreussen. Jahrb. der königl. geol. Landesanst. 1882. pag. 303.
3) Salter: A Monograph of the Brit. Trilob. pag 63. Taf. VI, Fig. 9—18.

2. Untergattung: Cyrtometopus Angelin.

Cheirurus (Cyrtometopus) clavifrons Dalman. Taf. II. Fig. 11.

1852 (1878). Cyrtometopus clavifrons Angelin: Pal. Scand. pag. 32. Taf. XXI. Fig. 4.
Taf. XXXIX. Fig. 9.
1860. Ceraurus Zembnitzki Eichwald: Lethaea rossica pag. 1400.
1882. Cheir. (Cyrtometopus) clavifrons Dalman in Fr. Schmidt: Rev. II. pag. 153. Taf. VIII. Fig. 4—6. Taf. XVI. Fig. 7—12.

Eine ziemlich vollständige Glabella dieser Art lag mir vor. Sie ist länglich eiförmig; ihre grösste Breite (etwa in der Mitte) ist gleich drei Viertel der Länge. Sie ist recht kräftig gewölbt, nach vorn sanft abfallend. Die beiden ersten Seitenfurchen sind schwach eingedrückt (auf dem Steinkerne etwas deutlicher), sie sind ein wenig zurückgebogen und erreichen noch nicht ein Drittel der Glabellabreite. Die dritten Seitenfurchen sind tief und breit; sie gehen zuerst den vorderen Seitenfurchen parallel und biegen dann, flacher werdend, nach hinten um. Sie schnüren so die dritten Seitenlappen fast vollständig von der Glabella ab. Die Abstände der Seitenfurchen von einander, und mithin auch die Seitenlappen, sind ungefähr gleich gross; von dem vorn gerundeten Stirnlappen werden sie an Längenausdehnung erheblich übertroffen. Die Schale ist, soweit sie noch vorhanden ist, fein chagriniert, während der Steinkern fast vollkommen glatt erscheint.

Maasse der Gabella: Länge 19 mm, grösste Breite 14,5 mm.

Fundorte: Königsberg; Marienburg. [Bruchstück einer Glabella.]

Ch. clavifrons kommt in Estland im Glaukonitkalk und Vaginatenkalk, auf Oeland und dem Festlande Schwedens im unteren grauen Orthocerenkalk vor. Die Heimat unserer Geschiebe mit Ch. clavifrons dürfte wohl Estland sein, da das Gestein vollkommen mit estländischem Vaginatenkalke übereinstimmt.

Cheirurus (Cyrtometopus) cf. Plautini Fr. Schmidt. Taf. III. Fig. 8.

[1882. Ch. (Cyrtometopus) Plautini Fr. Schmidt: Rev. I. pag. 159. Taf. XII. Fig. 24].

Auf einem Backsteinkalkgeschiebe von Wehlau befand sich eine kleine Glabella die in der allgemeinen Form mit Ch. Plautini gut übereinstimmt. Sie ist flach gewölbt, vorn abgestutzt. Die Seitenfurchen sind kurz, kaum gebogen; die beiden vorderen Paare sind deutlicher und tiefer ausgebildet, als bei der vorigen Art. Die dritten Seitenfurchen biegen schnell nach hinten um und schnüren die dritten Seitenlappen kaum ganz von der Glabella ab. Auf der einen erhaltenen festen Wange war das Untergattungsmerkmal, die Fortsetzung des Vorderrandwulstes nach dem Auge zu, noch ziemlich deutlich zu erkennen. Der Augendeckel ragt nur ganz wenig aus dem Wangenfelde vor. Der Nackenring ist schmal. Die Oberfläche erscheint ganz fein gekörnelt; die Wange lässt eingestochene Pünktchen erkennen.

Maasse: Länge der Glabella 3,5 mm, Breite 2,5 mm.

Fundort: Wehlau, Ostpreussen. Die Heimat dieses Geschiebes ist wohl der Estland benachbarte Teil des Ostseebeckens.

Cheirurus (Cyrtometopus) pseudohemicranium. Nieszkowski. Taf. II. Fig. 15. 15a. 16.

1859. Sphaerexochus pseudohemicranium Nieszkowski: Zus. zur Monogr. Archiv für Naturk. Livl. etc. Ser. I. Bd. II. pag. 376. Taf. II. Fig. 7. 8.

1874. Sphaeroxochus pseudohemicranium Steinhardt: Pr. Tril. pag. 60. Taf. IV. Fig. 17.
1882. Ch. (Cyrtometopus) pseudohemicranium. Fr. Schmidt: Rev. I. pag. 163. Taf. VIII. Fig. 9. 10. 13—16. Taf. XI. Fig. 20. Taf. XVI. Fig. 18—21.

Neben mehreren, mehr oder weniger unvollständigen Kopfschildern lag mir auch das Original der Steinhardtschen Bestimmung Sphaer. pseudohemicranium vor. Sämtliche Stücke zeigen die Ausbildung der typischen Form dieser Art: Das stark gewölbte Kopfschild ist breit dreieckig, über doppelt so breit als lang; die Glabella bildet ein ganz kurzes Oval. Sie ist sehr stark, fast halbkugelig gewölbt und wird am Grunde von der Vorderrandfurche, der Nackenfurche und von den Rückenfurchen stark eingeschnürt. Die beiden ersten Seitenfurchen sind nur als ganz feine kurze, auf dem Steinkern kaum zu erkennende Eindrücke ausgebildet, während die dritten breit und tief sind und die dritten Seitenlappen in Form von kräftig gewölbten ovalen Höckern vollständig von der Glabella abschnüren. Die Oberfläche der Glabella ist auf der Schale mit rundlichen Knötchen bedeckt, auf dem Steinkern erscheint sie fast ganz glatt.

Die festen Wangen (bei meinen Stücken nicht vollständig erhalten) waren in kurze nach aussen gerichtete Hörner ausgezogen; sie sind gross, breit dreiseitig und lassen für die freien Wangen nur kleine stumpfwinklig dreieckige Felder frei. Die festen Wangen sind mit ziemlich grossen Grübchen verziert.

Fundorte: Ostpreussen: Königsberg, Wehlau. Westpreussen: Rosenberg.

Ch. pseudohemicranium gehört dem Silur Estlands an, und zwar kommt die bei uns gefundene typische Form in der Jeweschen Schicht D vor, während die ältere Form Ch. pseudohemicranium var. dolichocephala Fr. Schmidt mit längerer, höher gewölbter Glabella bereits in der Kuckerschen Schicht $C_2{}^1$) auftritt.

3. Untergattung: Nieszkowskia. Fr. Schmidt.

Cheirurus (Nieszkowskia) variolaris Linnarsson. Taf. II. Fig. 12. 12a.

1869. Cheirurus variolaris Linnarsson: Vestergötl. cambr. o. silur. Aflagr. pag. 60. Taf. I. Fig. 6.
1882. Cheirurus (Nieszkowskia) variolaris Fr. Schmidt: Rev. I. pag. 183. Taf. IX. Fig. 1—8.
1884. Cheirurus variolaris Kiesow: Sil. u. Dev. Gesch. Westpr. pag. 78. Taf. IV. Fig. 7.

Die auf Taf. II. Fig. 12 abgebildete Glabella gehört dieser Art an. Sie ist nicht ganz $1^1/_2$ mal so lang als breit, hinten am breitesten, von ungefähr rechteckigem Umriss. Vom Vorderrande steigt sie in ganz allmählicher Wölbung an, hinter der Mitte ist sie am stärksten gewölbt; nach hinten läuft sie in ein drehrundes gerades, spitzes Horn aus.[2]) Dieses Horn soll nach Schmidt[3]) dicht über dem Nackenringe liegen. Leider ist bei dem vorliegenden Stück der Nackenring weggebrochen, doch die eigentümliche, dichte Verzierung der Glabella mit grossen flachen Höckern von 0,5—1 mm Durchmesser lässt keinen Zweifel, dass hier Ch. variolaris vorliegt. Die

---
1) cf. Fr. Schmidt: Rev. II. pag. 164. 165.
2) Dieses Horn fehlt der Schmidtschen Varietät Ch. variolaris var. mutica (Fr. Schmidt l. c. pag. 184. Taf. XI. Fig. 25. 26).
3) cf. Fr. Schmidt l. c. pag. 184.

ersten beiden Seitenfurchen sind kurz, wenig gebogen und unter etwa 30° nach hinten gewendet; die dritten Seitenfurchen sind länger, stärker gebogen und gehen unter grösserem Winkel, etwa 45° nach hinten; wenige Millimeter vor dem Hinterrande der Glabella endigen sie blind. Die ersten beiden Seitenlappenpaare stehen etwa um das doppelte ihrer Breite, das dritte etwa um die eigene Breite von einander ab.

Maasse: Länge der Glabella bis zum Anfange des Hornes: 21 mm, mittlere Breite 16 mm.

Fundorte: Wehlau Ostpreussen. Aus Westpreussen beschreibt Kiesow a. a. O. ein Bruchstück einer sehr grossen Glabella unserer Art von Spengawsken.

Anstehend ist Ch. variolaris aus dem Echinosphaeritenkalk C_1, und der Kuckerschen Schicht C_2 Estlands und aus dem Chasmopskalk Westgotlands bekannt. Das Gestein sowohl des Stückes von Wehlau, als des von Spengawsken ist Echinosphaeritenkalk; die Heimat beider Stücke ist sicher Estland.

Cheirurus (Nieszkowskia) cephaloceras Nieszkowski. Taf. II. Fig. 13. 13a.

1857. Sphaerexochus cephaloceras Nieszkowski: Monographie pag. 70 (600). Taf. I. Fig. 4—5.

1860. Zethus triplicatus Eichwald: Lethaea rossica pag. 1406. Taf. LV. Fig. 2a b.

1882. Ch. (Nieszkowski) cephaloceras Fr. Schmidt: Rev. I. pag. 186. Taf. IX. Fig. 9 bis 16. Taf. XI. Fig. 27. Taf. XVI. Fig. 36. 37.

Eine Glabella mit teilweise erhaltener fester Wange liegt mir vor. Sie ist bei ungefähr gleicher Form kräftiger gewölbt als die von Ch. variolaris. Wie bei der vorigen Art läuft die Glabella noch hinten in ein drehrundes, etwas gebogenes Horn aus, das nach Fr. Schmidt[1]) etwas über dem Nackenringe liegt. Obwohl der Hinterrand der Glabella und der Nackenring fehlen, so lässt doch das Bruchstück der linken festen Wange, welche zum Hinterrande fast senkrecht abfällt, mit Sicherheit darauf schliessen, dass der Nackenring vom Grunde des Hornes etwa dieselbe Entfernung hat, wie das bei Schmidt Taf. IX. Fig. 10 abgebildete Exemplar von Kuckers.

Ausserdem ist die Glabella, wie die Wange mit den für Ch. cephaloceras charakteristischen kurzen, etwas spitzigen Höckerchen bedeckt. Der Verlauf der Seitenfurchen ist etwa derselbe wie bei Ch. variolaris, nur sind die dritten Seitenfurchen etwas länger und stärker nach hinten gebogen.

Maasse: Länge der Glabella bis zum Grunde des Hornes 16 mm; mittlere Breite 12 mm.

Fundort: Wehlau in Ostpreussen.

Ch. cephaloceras ist anstehend nur in Estland bekannt, und kommt dort im Echinosphaeritenkalk C_1 und der Kuckersschen Schicht C_2 vor.

Unser Stück liegt in einem Geschiebe von der Beschaffenheit des Echinosphaeritenkalkes.

---

1) cf. Fr. Schmidt l. c. pag. 186. Taf. IX. Fig. 10 u. 12.

Gattung: **Amphion Pander.**

Als einzigen Vertreter der Gattung Amphion aus unseren Geschieben führe ich die Art:

Amphion priscus n. sp. Taf. II. Fig. 19. 19a.

an, welche mir in 2 Bruchstücken von Schwanzschildern vorliegt. Das besser erhaltene, auf Taf. II Fig. 18 abgebildete Stück zeigt eine nach hinten stark verschmälerte Spindel, welche aus 5, durch tiefe Furchen getrennten Ringen und einem kleinen dreieckigen Endgliede besteht. Die Seitenteile sind in ihrer äusseren Hälfte stark nach unten gebogen und tragen je 5, durch tiefe Furchen getrennte Pleuren, welche vom Knie ab frei sind und in scharfen Spitzen endigen. Das letzte Pleurenpaare ist gerade nach hinten gerichtet. Die Oberfläche ist, soweit die dünne Schale noch erhalten ist, fein und dicht gekörnelt. — Länge 10 mm, Breite 12 mm, Spindelbreite 5 mm.

Fundort: Westpreussen-Belschwitz.

A. priscus lag in einem Geschiebe buntfarbigen Glaukonitkalkes (cf. pag. 4) vom Alter des Ceratopygekalkes; als Heimat dieses Geschiebes ist Schweden aufzufassen.

Die nächsten Beziehungen hat A. priscus zu A. (Pliomera) primigenus Angel[1]) mit welcher Art die vorliegenden Stücke in Bezug auf die Pleurenanzahl übereinstimmen, die verschiedene Grösse aber und das Auftreten der grubenförmigen Vertiefung auf dem Endgliede der Spindel bei A. primigenus trennen beide Arten.

Anhang:

Cheirurus? sp. Taf. II. Fig. 14.

Das auf Taf. II. Fig. 14 abgebildete Schwanzschild gehört zur Familie der Cheiruriden. Die nach hinten stark verschmälerte Spindel besteht aus drei hochgewölbten Gliedern, die durch tiefe Furchen getrennt sind; auf das dritte Glied folgt ein länglich dreieckiges Endglied mit schwach buckelförmiger Erhöhung in seinem vorderen Teile. Jederseits sind drei, ungefähr gleich lange, stark gewölbte Pleuren vorhanden, die in breite Zähne auslaufen. Diese Zähne, sowie der dem hintersten Spindelgliede folgende breit zahnartig ausgebildete Endlappen sind von einem schmalen, flachen, deutlich abgesetzten Randsaume umgeben. Die Pleuren sind ungefurcht und lassen in ihrer Mittellinie je eine Reihe feiner länglicher Höckerchen (auf dem Abdruck als Vertiefungen erscheinend) erkennen. Die Oberfläche ist im übrigen fast ganz glatt. Länge 20 mm, Breite 28 mm, Spindelbreite 10 mm.

Fundort: Kurschitten in Kurland, nahe der Grenze Ostpreussens.

Die meiste Aehnlichkeit zeigt das vorliegende Stück mit dem von Angelin zu Platymetopus lineatus[2]) gestellten Schwanzschilde. Platymetopus ist eine Untergattung von Lichas[3]) und hat als solche nur Arten, deren Schwanzschilder deutlich gefurchte Pleuren tragen. Das Kopfschild der Angelinschen Art Platymetopus li-

---
1) cf. Angelin: Pal. Scand. pag. 90. Taf. XLI. Fig. 15.
2) cf. Angelin: Pal. Scand. pag. 75. Taf. XXXVIII. Fig. 12 u. 13.
3) cf. Fr. Schmidt: Rev. II. pag. 28 u. 29.

neatus gehört sicher zur Gattung Lichas, während das mit dem vorliegenden gut übereinstimmende Schwanzschild durch seine ungefurchten Pleuren von Lichas getrennt ist und auf die Zugehörigkeit zur Familie der Cheiruriden schliessen lässt.

Ausser dem von Angelin irrtümlicher Weise zu Platymetopus lineatus gestellten Schwanzschildes kenne ich keines, das mit dem vorliegenden übereinstimmte. Die gleichartige Ausbildung beider Schwanzschilder mit vierteiliger Spindel, 3 freiendigenden ungefurchten Pleuren und dem dreieckigen Endlappen zeigt soviel Uebereinstimmung mit der Gattung Cheirurus, dass ich sie dieser zuzähle; jedenfalls aber gehören sie keiner der bekannten Gruppen von Cheirurus an, sondern bilden eine eigene Untergattung, deren Begrenzung ich nach dem vorliegenden geringen Material nicht wagen darf.

Sphaerexochus? sp. Taf. II. Fig. 18.

In einem harten, sehr dichten, schwärzlichgrauen Geschiebe unbekannten Fundortes (Samml. d. hies. Prov.-Mus.) lag das Taf. II. Fig. 18 abgebildete Schwanzschild. Es ist ungefähr halbkreisförmig, mit breiter 4gliederiger Spindel; jederseits sind 3 frei endigende abgerundete Pleuren vorhanden; der Hinterrand ist gebuchtet. Dem Stücke lag eine Bestimmung „Sphaeroxochus cf. minutus Nieszkowski" bei. Ob das vorliegende Schwanzschild in die Verwandschaft dieser Art, die nach Schmidt[1]) garnicht zur Familie der Cheiruriden zu zählen ist, gehört, oder ob es zu Sphaerexochus mirus Beyr[2]), mit dem es viele Aehnlichkeit hat, zu stellen ist, kann ich nicht entscheiden. Da der Fundort des betreffenden Stückes unbekannt ist — möglicherweise ist es garnicht in unserem Diluvium gefunden, denn das Gestein ist wesentlich von dem unserer Geschiebe verschieden, — habe ich die Gattung Sphaerexochus garnicht weiter erwähnt.

VI. Fam.: Encrinuridae.

Gattung: **Cybele: Lovén. Linnarsson. Fr. Schmidt.**
(Zethus. Volb. Pand.)

Cybele revaliensis Fr. Schmidt. Taf. V. Fig. 16 u. 19.

1874. Zethus sp. Steinhardt: Pr. Trilobiten pag. 58. Taf. V. Fig. 8.
1882. Cybele revaliensis Fr. Schmidt: Rev. I. pag. 207. Taf. XIII. Fig. 20. Taf. XIV. Fig. 6. Taf. XV. Fig. 6. 7. Taf. XVI. Fig. 40.

Eine Glabella und ein teilweise erhaltenes Schwanzschild liegen mir vor. Die Glabella ist wenig länger als breit, flach gewölbt und nach vorn nur wenig verbreitert. Die drei Paare von Seitenfurchen sind kurz, tief, und alle, das erste Paar am stärksten, schräg nach vorn gezogen, ohne die Rückenfurchen zu erreichen. Die Endgrube und einer der Seitentuberkel sind deutlich zu erkennen. Die Oberfläche trägt neben 8 paarig gestellten Höckern noch einige kleinere unregelmässig verteilte. Diese Besetzung der Glabella mit Höckern würde gegen die Zugehörigkeit zu C. revaliensis

---
1) cf. Fr. Schmidt: Rev. II. pag. 189.
2) cf. Beyrich.: Unters. üb. Trilob. II. Stück pag. 5. Taf. I. Fig. 8c.

sprochen,[1]) wenn nicht aus dem Bruchstücke der einen festen Wange die Stellung des Auges gegenüber der dritten Seitenfurche zu erkennen wäre, wie Schmidt sie für diese Art angiebt[1]), ausserdem ist die Nackenfurche zu boiden Seiten der Glabella ebenso wie bei den estländischen Stücken vertieft und verbreitert.

Das Schwanzschild ist ungefähr ebenso lang als breit. Die Spindel verschmälert sich nach hinten zu allmählich, vorn ist sie sehr stark gewölbt, vom vierten Gliede ab ist sie flach. Bei 15 allmählich undeutlicher werdenden Spindelgliedern hat das Schwanzschild je vier gefurchte, stark nach hinten gebogene Pleuren. Das hintere, breitere Band der Pleuren ist gewölbt und mit feinen Höckerchen verziert. Die Pleuren laufen nach Schmidt[2]) in kurze dreieckige Spitzen aus.

Maasse: Länge der Glabella 13 mm, Breite 10 mm. Länge des Schwanzschildes 15 mm, Breite 14 mm, Spindelbreite 7 mm.

Fundorte: Königsberg, Rosenberg.

Ch. revaliensis gehört dem Echinosphaeritenkalk an und ist anstehend nur aus Estland bekannt.

Cybele cf. Grewingki Fr. Schmidt. Taf. V. Fig. 17. 17a.

(1882. Cybele Grewingki Fr. Schmidt: Rev. I. pag. 211. Taf. XIV. Fig. 1. 2.)

Ein bei Wehlau gefundenes Kopfschild zeigt nur geringe Abweichungen von C. Grewingki, so dass ich es in die Verwandschaft dieser Art stelle. Die Glabella ist stark gewölbt, auf ihrem Rücken fast dachförmig; der Stirnlappen fällt ziemlich steil zur Randfurche ab. Die Rückenfurchen divergieren nach vorn wenig. Die drei Seitenfurchenpaare erreichen die Rückenfurchen nicht, das erste Paar ist schräg nach vorn vorgezogen. Auf der Glabella sind deutlich die 8 paarigen Knötchen zu erkennen. Der Vorderrand trägt die Bruchstellen von 5 dicht gestellten Randhöckern und der beiden von diesen getrennten „Endtuberkel". Die festen Wangen sind fast ebenso hoch wie die Glabella gewölbt, in ihrem äusseren Teile sehr stark heruntergebogen, weit kräftiger als es die Abbildung Schmidt's Taf. XIV. Fig. 1a. zeigt. Die Augen liegen gegenüber den zweiten Seitenfurchen. Die Wangen zeigen neben feinen spitzigen Höckerchen flache Grübchen, die weniger dicht stehen als bei der Schmidt'schen Art. Neben den angeführten geringen Unterschieden in Bezug auf die Wölbung und Verzierung der Wangen unterscheidet sich das vorliegende Stück von der echten Cybele Grewingki noch durch seine geringe Grösse.

Länge des Kopfes 9 mm, Breite 25 mm.

Fundort: Wehlau.

Das Gestein entspricht dem der Jeweschen Schicht; die Heimat unserer Art wäre also in Estland oder einem jetzt vom Meere bedeckten Nachbargebiete zu suchen.

Cybele rex Nieszkowski. Taf. V. Fig. 15. 15a.

1857. Zethus rex Nieszkowski: Monographie pag. 100 (614) Taf. I. Fig. 3.
1882. Cybele rex Fr. Schmidt: Rev. I. pag. 209. Taf. XIII. Fig. 21—23. Taf. XIV. Fig. 3. 4.

---

[1] cf. Fr. Schmidt: Rev. I. pag. 207.
[2] cf. Fr. Schmidt: l. c. pag. 208.

Eine kleine Glabella zeigt die für diese Art charakteristischen Merkmale: Sie ist nach vorn wenig verbreitert, schwach gewölbt, der Stirnlappen fällt sonst zum Vorderrande ab. Die Glabella ist mit 8 paarigen, ziemlich nahe stehenden Höckerchen verziert; zwischen den 4 vorderen Höckerchen liegt noch ein kleineres fünftes. Der Stirnrand ist mit 5 drehrunden, gerade nach vorn gerichteten Zähnchen besetzt, von denen die zwei etwas kürzeren „Endtuberkel" durch eine Lücke getrennt sind (in der Fig. 15. Taf. V. sind diese Tuberkel etwas zu gross gezeichnet). Der Nackenring ist schmal, aber hoch gewölbt, mit drei Höckerchen besetzt.

Länge 9 mm, Breite 6 mm.

Fundort: Puschdorf bei Wehlau, Ostpreussen.

C. rex gehört der Kucker'schen Schicht C_2 an und ist bisher anstehend nur aus Estland bekannt.

Cybele sp. a. Taf. V. Fig. 18.

Das Schwanzschild Taf. V. Fig. 18 liegt in einem Geschiebe hellgrauen dichten Kalkes vom Alter der Jeweschen Schicht. Seine Spindel besteht aus 4 deutlichen und etwa 10—12 undeutlichen Gliedern. Die Seitenteile tragen 4 in stumpfe Spitzen endigende Pleuren, zwischen die sich das spitz dreieckige Endglied der Spindel schiebt.

Fundort: Spittelpark bei Königsberg, Ostpreussen.

Cybele sp. b. Taf. VI. Fig. 35. [1]

Ein kleines Geschiebe von Beyrichienkalk enthielt neben Atrypa reticularis Linné Calymene intermedia Lindstr., Encrinurus punctatus Wahlbg. und Beyrichia Buchiana var. nutans Kiesow auch das auf Taf. VI. Fig. 85 abgebildete Bruchstück einer Glabella von Cybele.

Neben 8 deutlicheren paarigen Knötchen treten noch einige feinere unpaarige auf, namentlich zwischen den ganz kurzen tiefen Seitenfurchen. Diese Besetzung der Glabella mit Knötchen, sowie der vor der Glabella sich hinziehende schmale Randsaum mit den Bruchstellen einiger Randhöckerchen lassen keinen Zweifel, dass wir hier eine zur Gattung Cybele gehörende Form vor uns haben, die ich mit keiner der bekannten Arten identificieren kann.

Durch die oben aufgezählten Versteinerungen wird das betr. Geschiebe als obersilurisch charakterisiert: Cybele sp. b. gehört mithin dem Obersilur an und ist der erste Vertreter der Gattung in den Schichten dieses Alters. Leider ist das beschriebene Bruchstück auch das einzige vorhandene und so wenig charakteristisch, dass ich darauf hin davon zurückstehen muss, eine neue Art der Gattung Cybele zu begrenzen.

Maasse: Länge der Glabella 6 mm, Breite 4 mm.

Fundort: Rosenberg in Westpreussen. Heimat: das Ostseebecken?

---

1) Vergl. pag. 12.

Gattung: **Encrinurus** Emmrich.

Encrinurus obtusus Angelin. Taf. V. Fig. 25. 25a.

1852 (78). Cryptonymus obtusus Angelin: Pal. Scand. pag. 3. Taf. IV. Fig. 9.
1885. Encrinurus obtusus Lindström: Förteckn. pä. Gotl. Sil. Crust. pag. 53.

Ein grösseres und ein kleineres Schwanzschild aus einem grauen obersilurischen Kalke zeigen die von Angelin angegebenen Charaktere dieser Art. Die Spindel besteht aus 14 Gliedern, welche in der Mitte je ein kleines, rechts und links von einer seichten Einsenkung begleitetes Knötchen tragen. Die stark abwärts gebogenen, gewölbten Seitenteile bestehen aus 10 getrennten, nicht über den Randsaum hervorragenden Pleuren, deren Oberfläche eine ganz feine Körnelung zeigt.

Maasse: Länge 8 mm, Breite 7,5 mm, Spindelbreite 3,5 mm.
Fundort: Wehlau, Ostpreussen.
Anstehend ist E. obtusus bisher nur aus Gotland bekannt.

Encrinurus cf. obtusus Angelin.

(1882. Encrinurus? obtusus Angelin in Fr. Schmidt. Rev. I. pag. 224.)

Ein kleines Schwanzschild von Pr. Holland zeigt eine mit dem von Schmidt a. a. O. beschriebenen Exemplar aus der oberen öselschen Schicht Estlands übereinstimmende Ausbildung, indem auf der Spindel abwechselnd die zweiten Glieder Knötchen tragen. Die Seitenteile bestehen, wie bei der Hauptform, aus 10 Pleuren. Das von Kiesow[1]) als E. cf. obtusus beschriebene Schwanzschild von Königsthal bei Danzig scheint zwischen den beiden mir vorliegenden Formen eine Mittelstellung einzunehmen, indem die Knötchen auf den Spindelringen verschieden verteilt sind; sie fehlen auf dem 5., 6., 8. und 10. Ringe; die Pleurenanzahl ist 11.

Encrinurus cf. Seebachi Fr. Schmidt. Taf. V. Fig. 24. 24a.

(1882. Encrinurus Seebachi Fr. Schmidt, pag. 229. Taf. XIV. Fig. 25. Taf. XV. Fig. 23.)

Das Taf. V. Fig. 24 abgebildete Schwanzschild steht der Schmidtschen Art E. Seebachi sehr nahe. Es ist länger als breit, spitz dreieckig. Die Spindel lässt über 30, in der Mitte undeutlicher werdende Glieder erkennen, während die Seitenteile aus 10, in stumpfen Zähnchen endigenden, Pleuren bestehen, deren Trennungsfurchen tief sind, aber nicht die Breite der Pleuren erreichen, wie Schmidt[2]) es für E. Seebachi angiebt.

Maasse: Länge 15 mm, Breite 12 mm, Spindelbreite 4 mm.
Fundort: Nasser Garten bei Königsberg.[3])
E. cf. Seebachi wurde in einem Geschiebe vom Alter der Wesenberger Schicht gefunden. Heimat: Ein Estland benachbartes Gebiet des Ostseebeckens.

---

1) cf. Kiesow: Sil.- u. Dev.-Gesch. pag. 79, Taf. IV. Fig. 8a—c.
2) cf. Fr. Schmidt. Rev. I, pag. 281.
3) Kiesow erwähnt l. c. pag. 80 ein gleichaltriges Stück ebenfalls als E. cf. Seebachi aus Westpreussen.

Encrinurus punctatus Wahlenberg. Taf. V. Fig. 20. 21. 22. Taf. VI. Fig. 32.
1874. Encrinurus punctatus Steinhardt: Pr. Trilobiten pag. 58. Taf. IV. Fig. 15.
1882. Encrinurus punctatus Wahlenberg in Fr. Schmidt. Rev. I. pag. 225 Taf. XIV.
Fig. 11—13. Taf. XV. Fig. 18.

Diese in unseren Geschieben sehr häufige Art zeichnet sich durch die nach vorn stark erweiterte birnförmige Glabella aus, die ziemlich gleichmässig mit nicht zu hohen rundlichen Höckern besetzt ist. Am Seitenrande des hinteren Glabellateiles treten zwischen den kurzen, grubenförmigen Seitenfurchen gröbere Höcker auf.

Besonders charakteristisch sind die Schwanzschilder. Sie sind länglich dreieckig, hinten zugespitzt. Die Spindel besteht aus 24—27 Gliedern, die in der Mitte undeutlicher werden. In der Mittellinie der Spindel treten 6 Höckerchen auf, deren Zwischenräume nach hinten zu enger werden. Die Seitenteile bestehen aus 7 bis 8 Pleuren, die stark abwärts gebogen sind und in rundliche Zähnchen auslaufen. Der Hinterrand läuft in eine mehr oder weniger aufwärts gebogene Spitze aus. Auf den Pleuren treten in der Nähe der Spindel undeutlichere Knötchen auf, welche jederseits eine neben der Spindel verlaufende Reihe bilden. Das auf Taf. V. Fig. 20a. b. abgebildete Stück ist ein besonders grosses, und breites, leider abgerolltes Exemplar, bei welchem die Knötchen auf den Pleuren des Schwanzschildes jederseits zwei Reihen bilden. Fig. 21 und 22 auf Taf. V. zeigen eine Glabella und ein Schwanzschild der kleineren, sehr häufig gefundenen Form. Taf. VI. Fig. 32 giebt eine freie Wange mit dem gestielten, leider weggebrochenen Auge wieder.

Fundorte: Ost- und Westpreussen, häufig.

E. punctatus geht sowohl durch das ganze Obersilur Estlands als Gotlands.

Encrinurus sp. Taf. V. Fig. 23. 23a.

In einem zum Teil bereits in Backsteinkalk umgewandelten Geschiebe fand sich neben Mastopora concava Eichw. das auf Taf. V. Fig. 23 wiedergegebene Schwanzschild. Seine Spindel lässt ungefähr 30 ganz ausgebildete Ringel erkennen, während die Seitenteile aus 7 stark abwärts und nach hinten gerichteten Pleuren bestehen, welche durch tiefe, breite Furchen getrennt sind und in stumpfe gerundete Spitzen auslaufen. Die Ausbildung der Spindel erinnert an E. Seebachi, von welcher Art das vorliegende Stück jedoch durch die geringere Pleurenzahl getrennt ist.

Fundort: Mewe in Westpreussen.

Das Geschiebe ist der Jeweschen Schicht gleichalterig. Durch Mastopora concava wird Estland als wahrscheinliche Heimat bestimmt.

VII. Fam.: Calymenidae.

Gattung: **Calymene Brongniart.** Emmrich. Dalman (z. T.) Barrandt.

Calymene tuberculata Brünnich. Taf. VI. Fig. 19 a b c.

1822. Calymene Blumenbachi Brongniat: Hist. nat. des Crustac. foss. pag. 11. Taf. I. Fig. 1.
1828. Calymene Blumenbachi var. tuberculata Dalman: Palaeaden pag. 35. Taf. I. Fig. 2.3.
1874. Calymene Blumenbachi Steinhardt: Pr. Trilob. pag. 11. Taf. V. Fig. 1. 2a.
1885. Calynumene tuberculata Brünnich in Lindström: Förteckn. på. Gotl. Silur. Crustac. pag. 63. Taf. XVI. Fig. 9.

Unter dem Namen C. Blumenbachi sind bisher meistens zwei Formen zusammengefasst worden: C. tuberculata und C. tuberculosa. Dalman unterschied beide Formen noch als Varietäten von C. Blumenbachi. Spätere Schriftsteller zogen beide Formen wieder unter dem alten Brongniartschen Namen zusammen, bis endlich durch die oben citierte Arbeit Lindströms über die Gotländischen Silurischen Crustaceen eine genaue Grenze zwischen C. tuberculata und C. tuberculosa gezogen wurde.

In unseren Geschieben konnte ich nur die eine der Arten, C. tuberculata, nachweisen.

Das halbmondförmige Kopfschild ist ringsum von einem sehr stark gewulsteten Randsaume und einer tiefen, aber nicht sehr breiten Randfurche umgeben; vor der Glabella ist der Randsaum stark aufgeworfen. Die Glabella ist hoch gewölbt, jederseits mit drei Lappen, deren vorderster ganz klein ist, während der dritte, grösste, birnförmig gestielt erscheint. Das charakteristische Merkmal, das unsere Art von C. tuberculosa unterscheidet, ist der Verlauf der Gesichtsnaht hinter dem Auge: sie geht dort zuerst gerade nach dem Seitenrande zu, biegt dann nach der Hinterecke um, überschreitet die Randfurche kurz vor der Ecke, geht auf den Randwulst über, auf dem sie zuerst eine kurze Strecke gerade nach hinten verläuft, um dann in der Ecke nach unten umzubiegen. (Bei C. tuberculosa geht die Naht in gerader Richtung über die Randfurche zur Ecke.)

Der Leib besteht aus 13 Ringen mit hochgewölbter Spindel, die Pleuren sind diagonal gefurcht, ihre abgerundeten Enden sind etwas nach vorne gebogen.

Das Schwanzschild ist gerundet dreiseitig, hochgewölbt. Die Spindel besteht aus 6 bis 8 Gliedern, auf den Seitenteilen sind meisten 6 gefurchte Pleuren zu erkennen.

Die Oberfläche ist feingekörnelt (cf. Taf. VI. Fig. 19a), bei den meisten unserer Geschiebeexemplare ist die Körnelung abgerieben.

Die Grösse wechselt, das auf Taf. VI. Fig. 19 abgebildete Stück zeigt folgende Maasse:

Kopfschild: Länge 16 mm, Breite 31 mm, hintere Glabellabreite 12 mm.
Breite des Schnauzenschildes 14 mm.
Schwanzschild: Länge 14 mm, Breite 24 mm, Spindelbreite 8 mm.

C. tuberculata ist häufig in Ost- und Westpreussen. Anstehend kommt sie auf Gotland vor und wird auch jedenfalls im Obersilur Estlands heimisch sein, von wo Fr. Schmidt in der geologischen Einleitung zu seiner Revision der ostbaltischen Trilobiten nur den Namen C. Blumenbachi citiert.

Calymene intermedia Lindström. Taf. VI. Fig. 20. 20a.

1885. Calymene intermedia Lindström: Förteckn. på. Gotl. Crust. pag. 71. Taf. XV. Fig. 5—12.

Das Kopfschild ist etwas mehr doppelt so breit als lang, von einer sehr breiten und tiefen Vorder- und Seitenrandfurche und einer schmaleren Hinterrandfurche umgeben. Der Randsaum ist vor der Glabella besonders hoch aufgeworfen. Die Glabella ist stark gewölbt, bei dem auf Taf. VI. Fig. 20 abgebildeten Stücke sogar schwach gekielt. Drei Paar, nach hinten an Grösse zunehmende Seitenlappen sind vorhanden. Die Augen liegen weit nach hinten, ungefähr gegenüber den dritten

Seitenfurchen, so dass die festen Wangen hinter den Augen weit schmaler sind als bei C. tuberculata. Die Oberfläche ist ganz fein gekörnelt.

Fundort: Balschwitz, Westpreussen. — Ostpreussen ohne Ortsangabe. Beyrichienkalk. C. intermedia ist anstehend aus Gotland bekannt, doch wird sie jedenfalls auch in Oesel, der Heimat eines grossen Teiles unserer Beyrichienkalke, vorkommen.

Calymene spectabilis Angelin. Taf. VI. Fig. 21.

1852 (78). Calymene spectabilis Angelin: Pal. Scand. pag. 28. Taf. XIX. Fig. 5.
1884. Calymene spectabilis Kiesow: Sil.- u. Devon.-Geschiebe Westpr. pag. 81.

Einige schlecht erhaltene Schwanzschilder aus ostpreussischem Beyrichienkalk stimmen mit einem Exemplar von Schüddelkau-Westpreussen, aus der Sammlung des Herrn Dr. Kiesow, gut überein.

Die Spindel ist hochgewölbt, zehnteilig, von sehr tiefen Rückenfurchen begrenzt. Die Pleuren, von denen nur die vier ersten deutlich zu erkennen sind, sind, wie Angelien angiebt, viermal breiter, als die Furchen zwischen ihnen; bei erhaltener Schale ist das Verhältnis noch grösser. Die Oberfläche ist fein chagriniert.

Fundorte: Ost- und Westpreussen in Beyrichienkalken.

Anstehend ist C. spectabilis aus dem Obersilur Gotlands bekannt.

Gattung: **Homalonotus**: Koenig.
(Dipleura, Trimerus, Geen.)

Mir selbst lag kein Vertreter dieser Gattung vor. Dr. Kiesow erwähnt[1]) ein Schwanzschild von

Homalonotus cf. rhinotropis Angelin

aus Westpreussen (Spengawsken). Nach der von Kiesow gegebenen Diagnose: „Rhachis und Seitenlappen ungefähr gleich breit; die Anzahl der Pleuren beträgt 8, die der Rhachisglieder 10" steht diese Form augenscheinlich dem Angelinschen H. rhinotropis") sehr nahe. Als Heimat giebt Kiesow Gotland an.

VIII. Fam. Lichidae.

Gattung: **Lichas Dalman.**
Arges Goldf. Nutlainia Portlock. Metopias Eichw.

I. Arges Goldfuss. (Trochurus Beyrich.)

Die ersten Seitenfurchen endigen blind; die zweiten sind schwach angedeutet, die dritten fehlen. Das Schwanzschild hat jederseits zwei Pleuren, deren hinteres Band schmal, aber hoch gewölbt ist, während das vordere flach ist. Die Oberfläche ist mit feinen Wärzchen besetzt.

---

1) cf. Kiesow: Sil.- u. Devon.-Geschiebe Westpreussens pag. 21 und 82.
2) cf. Angelin: Pal. Scand. pag. 80. Taf. XX. Fig. 1a—9.

Lichas (Arges) Salteri Fletcher. Taf. VI. Fig. 17.

1854 (1872) Lichas gibbus Angelin Pal. Scand. 71. Taf. XXXVII. Fig. 1. (Schwanzschild!).
1874. Lichas gibba (?) Angelin in Steinhardt: Preuss. Trilobiten pag. 31. Taf. III. Fig. 10.
1885. Trochurus Salteri Fletcher in Lindström: Fökteckning pag. 60.

Die von Lindström[1] gegebene Beschreibung seines Trochurus Salteri passt vollständig auf das von Steinhardt als Lichas gibba beschriebene Schwanzschild. Es ist von fast halbkreisförmigem Umriss: die Spindel ist schmal, stark gewölbt, ziemlich lang und besonders am vorderen Teil deutlich geringelt. In der Verlängerung der Spindel läuft eine kräftige Rippe zum Hinterrande. Jederseits sind zwei Pleurenpaare vorhanden, deren hinterer Theil als starke Rippe hervortritt. (Der vordere flache Teil des ersten Pleurenpaares ist weggebrochen). Der Rand ist gewulstet. Ueber den Rand ragen die Fortsätze der hinteren Pleurenteile und der Längsrippe als kurze, stumpfe Fortsätze hinaus. Ausserdem ist der Rand hinter den zweiten Pleuren noch mit je zwei dicht zusammenstehenden kurzen Zacken besetzt.

Die Oberfläche ist mit Höckerchen besetzt.

Fundort: Gumbinnen, Ostpreussen.

Nach Lindström kommt L. Salteri im mittleren und nördlichen Teile Gotlands vor, sie gehört also dem Ober-Silur an, und zwar den mittleren und oberen Gotländer Schichten.

II. Leilolichas. Fr. Schmidt.

Die Furchen treten nur auf dem Steinkern deutlich hervor. Die zweiten Seitenfurchen fehlen. Das Schwanzschild ist ganz randig, ohne Seitenzähne, mit fünf Furchen auf jeder Seite. Gelenkflächen sind vorhanden.

Lichas illaenoïdes Nieszkowski. Taf. V. Fig. 12. 13.

1857. Platymetopus illaenoïdes Nieszkowski. Monographie pag. 622. Taf. III. Fig. 3—5.
1874. Lichas convexa? Steinhardt: Preuss. Trilobiten pag. 34. Taf. III. Fig. 7a-b.
1885. Lichas illaenoïdes Fr. Schmidt. Rev. II. Acid. u. Lichiden pag. 46. Taf. III. Fig. 27—31.

Die Glabella ist gleichmässig, am Vorderrand etwas stärker gewölbt. Die ersten Seitenfurchen endigen blind, die zweiten fehlen, die dritten erscheinen als Fortsetzung des geraden Teiles der Nackenfurche. Die dritten Seitenlappen sind sehr kurz, aber stark in die Breite gezogen. Bei erhaltener Schale sind die Furchen kaum zu erkennen.

Das Schwanzschild ist breit, halbelliptisch, hochgewölbt, bei erhaltener Schale ohne jede Andeutung von Furchen. Auf dem Steinkern tritt die kurze flache Spindel deutlich hervor. Sie trägt an ihrem Vorderende ein Glied. Auf den Seitenteilen sind jederseits fünf Furchen vorhanden. An den Seitenteilen des Vorderrandes tritt eine schmale, ziemlich lange Gelenkfläche auf, die die Fähigkeit des Tieres, sich einzurollen, beweist. Die Oberfläche ist ganz glatt.

---

[1] Vergleiche Lindström: Förteckning på Gotlands Siluriska Crustaceer pag. 60, in Betreff des Namens Lichas gibbus Angelin auch pag. 61 unter Trochurus pusillus.

Von dieser so wichtigen Art lag mir nur ein kleines Bruchstück einer Glabella vor. Das von Steinhardt als L. convexa beschriebene Stück war mir unzugänglich; — es befindet sich in der Mascke'schen Sammlung. Neben einer Copie nach Steinhardt[1]) gebe ich die Copie eines Schwanzschildes nach Schmidt[2]). Die Beschreibung ist zum Teil aus Schmidt entlehnt.

Fundort: Umgegend von Königsberg.

L. illaenoïdes gehört der Jewe'schen Schicht an.

Lichas Gageli n. sp. Taf. II. Fig. 33. 33 a.

Ein kleines hochgewölbtes Schwanzschild zeigte eine von den bekannten Lichiden so verschiedene Ausbildung, dass ich mich um seiner deutlich ausgeprägten Merkmale willen veranlasst sah, eine neue Art auf dasselbe zu begründen.

Ausgezeichnet ist das Schwanzschild dadurch, dass es an dem erhaltenen vorderen Rande des rechten Seitenlappens die Gelenkfläche ziemlich deutlich zeigt (Taf. II. Fig. 33 a.). Die Spindel ist schmäler als jeder der Seitenteile und flach gewölbt; in ihrem vorderen Teile trägt sie ein deutlich begrenztes Glied, hinter welchem durch eine zweite, flache Furche ein zweites Glied schwach angedeutet ist. Die Spindel ist kurz, nach hinten undeutlich begrenzt. Auf den Seitenteilen sind jederseits fünf Furchen, also drei Pleuren vorhanden. Die hinteren Grenzfurchen der dritten Pleuren sind undeutlich, der von ihnen eingeschnürte Hinterlappen ist sehr schmal, am Rande etwas eingebuchtet. Die Mittelfurchen der Pleuren erreichen nicht den Rand des Schwanzschildes. Die Enden der beiden ersten Pleuren bilden ganz kurze, den Rand kaum überragende, nach hinten gerichtete Zähnchen, doch so, dass das Schwanzschild fast ganzrandig erscheint. Ein ganz schmaler Randsaum umgiebt das ganze Schild. Die Oberfläche ist sehr dicht mit ganz feinen Körnchen bedeckt.

Maasse: Länge 5,5 mm, Breite 8 mm, Spindelbreite 2,5 mm.

Fundort: Cranz, Ostpreussen.

Das mit hellgelber Schale bedeckte Schwanzschild liegt in einem dichten, kieseligen hellgrauen Kalkstein, der dem der Lyckholmer Schicht ähnelt. Heimat: Das „Balticum".

Das Vorhandensein einer Gelenkfläche, die nur ein deutliches Glied tragende Spindel, die fünf Furchen auf den Seitenteilen bestimmten mich, L. Gageli zu Leilolichas zu stellen, obwohl die Schale nicht glatt, und der Rand nicht ganz eben ist, wie bei L. illaenoïdes, auf welche einzige Art Schmidt die Gruppe Leilolichas begründete.

III. Hoplolichas Dames.

Die ersten Seitenfurchen münden in die Nackenfurche, oder endigen blind. Der Nackenring ist mit einfachen oder gegabelten Fortsätzen verziert. Das Schwanzschild hat jederseits vier Furchen.

---

1) cf. Steinhardt l. c. Taf. III. Fig. 7a.
2) cf. Fr. Schmidt. l. c. Taf. III. Fig. 30 b.

Lichas tricuspidata Beyrich. Taf. II. Fig. 20. 21. 22. 24.

1845. Lichas dissidens Beyrich: Ueb. einige Böhm. Trilob. pag. 30. Fig. 18.
1846. Lichas tricuspidata Beyrich: Unters. üb. Trilobiten. II St. pag. 7. Taf. I. Fig. 7 a b.
1869. Lichas Areuswaldi Karsten: Beitr. z. Landesk. v. Schl.-Holst. I. pag. 66. Taf. XXII. Fig. 6.
1874. Lichas quadricornis Steinhardt: Pr. Trilob. pag. 34. Taf. III. Fig. 4.
1875. Hoplolichas tricuspidata Damos: Hoplolichas u. Conolichas. pag. 795. Taf. XII. Fig. 1. 2. 3. Taf. XIII. Fig. 1.

Die Glabella bildet ein ziemlich regelmässiges Oval. Der Randsaum vor derselben ist durch eine rinnenförmige Furche vom Stirnlappen getrennt. Diese Randfurche geht an den Seiten des Stirnlappens in die Rückenfurchen über, die in schwach S-förmigen Bogen zur Nackenfurche gehen. An der Vereinigungsstelle der Vorderrand- und der Rückenfurchen entspringen die ersten Seitenfurchen, die zuerst sehr stark, dann schwächer bis zum mittleren Teil der Glabella convergieren, von wo aus sie schwach divergierend zur Nackenfurche gehen. Die zweiten Seitenfurchen sind als schwache Eindrücke angedeutet, die dritten sind schärfer ausgeprägt und bilden die direkten Fortsetzungen des mittleren Teiles der Nackenfurche. Der Stirnlappen steigt steil von der Vorderrandfurche an, biegt dann unter etwa 90 Grad um und geht unter ganz flacher Wölbung, fast horizontal zur Nackenfurche. Die ersten Seitenlappen sind länglich, bohnenförmig; in ihrer Mitte sind sie ebenso breit, als der schmalste Teil des Stirnlappens. Die zweiten Seitenlappen bilden rundliche Höcker; die dritten sind oval, stark gewölbt.

Der Nackenring ist in seinem mittleren Teil sehr breit und trägt hier einen langen seitlich etwas zusammengedrückten, starken, nach hinten gerichteten Stachelfortsatz, an dessen Grunde zu beiden Seiten sich je ein starker, spitziger Höcker befindet. Besonders eigentümlich ist bei L. tricuspidata die Besetzung der Glabella mit Höckern: Der Stirnlappen trägt vorn, an der Stelle seiner stärksten Wölbung, vier nebeneinander stehende grobe Stacheln, in den Ecken seines Hinterrandes wieder je einen Höcker gröberer Art; die kleinen zweiten Seitenlappen sind ebenfalls durch je einen stärkeren spitzigen Höcker ausgezeichnet. Ausserdem ist die ganze Glabella mit ziemlich starken rundlichen Höckern besetzt. Das Bruchstück einer freien Wange (Taf. II. Fig. 24) stelle ich hin zu L. tricuspidata: es ist grob tuberkuliert, der Augenhöcker ist stark aufgeblasen. Die Seitenrandfurche geht unter einem Winkel von etwa 75 Grad in die Hinterrandfurche über.

Das Schwanzschild ist etwa halbkreisförmig, von einem breiten Randsaum umgeben. Die Spindel ist vorn stark gewölbt, mit zwei deutlichen Ringen versehen; nach hinten fällt sie schräge ab. Die Rückenfurchen konvergieren und reichen nur bis zum Randsaume. Jederseits sind auf den schwachgewölbten Seitenteilen vier Furchen vorhanden, welche zwei deutliche, gefurchte Pleuren abschnüren. Die Mittelfurchen der Pleuren gehen bis in den Randsaum. Die Enden dieser beiden ersten Pleuren bilden breite, nach hinten gewendete Zähne, die weit über den Rand hinausragen. Die dritten Pleuren sind ungeteilt, ganzrandig. Der Hinterrand des Schwanzschildes ist in zwei, nahe aneinanderstehende, breite Spitzen ausgezogen. Die Oberfläche des Schwanzschildes ist mit Höckern besetzt.

Fundorte: Ostpreussen: Wehlau, Königsberg, Pr. Holland; Westpreussen: Langenau bei Danzig.

L. tricuspidata gehört dem Echinosphaeritenkalk C₁b an, seine Heimat ist Estland.

Taf. II. Fig. 20 und 22 sind Kopieen nach Schmidt (Rev. II. Taf. II. Fig. 12 und 13 nach Stücken aus der Berliner Sammlung); ich gab diese Abbildungen, da mir bis zur Fertigstellung der Tafeln keine wirklich guten Stücke von L. tricuspidata zur Verfügung standen.

Lichas affin. tricuspidatae Beyr. Taf. II. Fig. 23.

Eine bei Wehlau gefundene Glabella zeigt in ihrer äusseren Form die nahe Zugehörigkeit zu L. tricuspidata; die Besetzung mit Höckern war am Stirnlappen wohl dieselbe, wie bei der vorigen Art: Am vorderen Teil des Stirnlappens sind die Bruchstellen mehrerer grosser, jedenfalls stachelartig ausgebildet gewesener Höcker zu sehen. Von L. tricuspadata ist das vorliegende Stück dadurch verschieden, dass die ersten Seitenfurchen vor der schmalsten Stelle des Stirnlappens plötzlich auf eine kurze Strecke stark verflacht sind — bei L. tricuspidata bleiben sie gleich tief, — und ferner dadurch, dass die ersten Seitenlappen an ihrem Ende zwei grössere spitze Höcker tragen, die hintereinander liegen und durch eine flache Vertiefung (die zweite Seitenfurche ?) von einander getrennt sind. Ein kleines spitzes Höckerchen im Verlauf des hinteren Teiles der ersten Seitenfurchen lässt eine Annäherung an L. proboscidea Dames erkennen.[1])

Fundort: Wehlau. Gestein: Echinosphaeritenkalk.

Lichas Plautini. Fr. Schmidt. Taf. II. Fig. 32. Taf. VI. Fig. 18.

1874. Lichas tricuspidata Steinhardt: Preuss. Trilobiten pag. 33. Taf. III. Fig. 3 a b.
1874. Lichas dissidens Beyr. in Steinhardt: l. c. pag. 30. Taf. III. Fig. 8.
1885. Lichas Plautini Fr. Schmidt: Rev. II. Acidaspiden u. Lichiden. pag. 75. Taf. II. Fig. 17—24.

Von L. Plautini lagen mir nur zwei unvollständige Schwanzschilder vor. Die von Steinhardt (Taf. III. Fig. 3) abgebildete Glabella gehört der Masckeschen Sammlung an und war mir nicht zugänglich.

Das Kopfschild[2]) unterscheidet sich von L. tricuspidata durch folgende Merkmale: Die Seitenfurchen der Glabella sind viel tiefer ausgebildet, die zweiten Seitenfurchen fehlen vollständig. Die ersten Seitenlappen sind breiter als die schmalste Stelle des Stirnlappens. Die Höcker, mit denen die Glabella von L. Plautini besetzt ist, sind spitz kegelförmig, grösser als bei L. tricuspidata, und auf dem ganzen Stirnlappen fast von derselben Grösse. Während der mittlere Teil des Stirnlappens bei L. tricuspidata 4—5 kleinere Höckerchen neben einander zeigt, treten hier bei L. Plautini nur immer etwa je zwei Höcker auf.

---
1) cf. Dames: Hoplolichas u. Conolichas. Zeitsch. d. D. geol. Ges. 1877. pag. 801. Taf. XII. Fig. 4.
2) cf. Fr. Schmidt: Rev. II. Acidaspiden u. Lichiden. pag. 76—78.

Der Nackenring trägt einen cylindrischen Fortsatz, am Grunde jederseits von einem spitzen Höcker begleitet.

Das Schwanzschild ist flach, halbkreisförmig. Die Spindel ist mässig gewölbt, stumpf kegelförmig, nach hinten kräftig abfallend. Zwei Segmente sind stets deutlich zu unterscheiden, ein drittes tritt weniger scharf hervor (Taf. VI. Fig. 18 und Fr. Schmidt Taf. II. Fig. 23). Die flachen Seitenteile sind von einem breiten Randsaum umgeben. Jederseits sind vier Furchen vorhanden. Die beiden ersten Pleuren endigen in starke, nach hinten gerichtete Seitenzähne, ihre Mittelfurchen gehen nur bis zum Randsaum. Die dritten Pleuren sind ungeteilt, ihr Aussenrand bildet mit den Zähnen der zweiten Pleuren eine enge tief einschneidende Bucht. Der Hinterrand ist in einen kurzen dreieckigen Zahn ausgezogen.

L. Plautini ist in ost- und westpreussischen[1]) Geschieben gefunden worden und gehört dem Echinosphaeritenkalk an.

Lichas proboscidea Dames.

1874. Lichas quadricornis var. Steinhardt: Pr. Trilob. pag. 34. Taf. III. Fig. 5.
1877. Lichas proboscidea Dames: Hoplolichus u. Conolichas pag. 801. Taf. XII. Fig. 4. Taf. XIII. Fig. 23.

Steinhardt erwähnt am ang. Orte eine Glabella aus der Masckeschen Sammlung als L. quadricornis variet. Dames hat nach diesem und ähnlichen Stücken seine Art L. proboscidea begründet, die bei naher Verwandtschaft mit L. tricuspidata sich von dieser durch einen sehr starken grossen Stirnstachel unterscheidet. Ausserdem tritt bei L. proboscidea im Hinterende der ersten Seitenfurchen ein Höckerchen auf (vergl. L. aff. tricuspidatae).

L. proboscidea ist bisher anstehend nicht gefunden worden.[2]) Das Steinhardtsche Stück stammt aus Ostpreussen. Seine Heimat dürfte das Ostseebecken sein.

Lichas media. n. sp. Taf. II. Fig. 25. 25a.

Mehrere Glabellen, die mit einem Fortsatz am Nackenringe versehen sind, zeigten eine von den anderen Arten der Gruppe Hoplolichas so verschiedene Ausbildung, dass ich sie einer neuen Art zuzähle.

Der vordere Randsaum ist vor dem Stirnlappen schmal, nach den Seiten verbreitert er sich. Die Vorderrandfurche schneidet tief in den Stirnlappen ein, sie geht seitlich in die schwach S förmig gebogenen Rückenfurchen über, welche deutlich bis zur Hinterrandfurche gehen und auch noch eine schwache Fortsetzung auf den etwas wulstigen Hinterrand entsenden. Die ersten Seitenfurchen convergieren zuerst sehr stark; auf dem Rücken der Glabella gehen sie in gleichmässigen schwachen Bogen zur Nackenfurche; kurz vor der Nackenfurche biegen sie etwas nach aussen und senden von der Umbiegungsstelle eine flachere Fortsetzung in die Nackenfurche. Die zweiten Seitenfurchen fehlen; die dritten bilden die Fortsetzung des geraden Teiles der Nackenfurche. Der Stirnlappen steigt vom Vorderrande steil auf, in seinem

---

1) cf. Fr. Schmidt: Rev. II. pag. 79.
2) cf. Fr. Schmidt: Rev. II. pag. 30.

mittleren und hinteren Teile ist er flach. Die ersten Seitenlappen sind bohnenförmig und ebenso breit wie der engste Teil des Stirnlappens; sie sind etwas niedriger als derselbe. Die zweiten Seitenlappen sind kaum angedeutet. Die dritten Seitenlappen sind länglich eiförmig und liegen erheblich tiefer als die ersten.

Der Nackenring ist in der Mitte schildförmig verbreitert; sein Hinterrand war zu einem rundlichen Stachelfortsatz ausgezogen.

Die ganze Glabella ist mit Höckern besetzt, welche nach hinten zu gröber werden. An den Hinterecken des Stirnlappens liegen zwei besonders grobe, hohe Höcker, ebenso sind die Enden der ersten Seitenlappen durch je einen grösseren spitzen Höcker verziert.

Fundort: Ostpreussen; Umgegend von Königsberg. Gestein: Echinosphaeritenkalk.

L. media bildet den Uebergang zwischen der Gruppe der Lichas tricuspidata, die durch Stirnstacheln und ungeteilte Nackenfortsätze ausgezeichnet ist, und der Gruppe der L. conicotuberculata ohne Stirnstachel und mit gegabelten Nackenfortsätzen.

IV. Conolichas Dames.

Der Stirnlappen allein, oder auch die ersten Seitenlappen springen nach vorn konisch gewölbt vor. Nackenring ohne Fortsätze.

Lichas aequiloba Steinhardt. Taf. V. Fig. 14.

1874. Lichas aequiloba Steinhardt: Preuss. Trilobiten pag. 30. Taf. III. Fig. 6.
1886. Lichas aequiloba Fr. Schmidt: Rev.II. Acid. u. Lichiden. pag. 89. Taf.V. Fig.4—10.

Steinhard begründete seine neue Art L. aequiloba auf eine Glabella aus der Sammlung des Herrn Mascke. Mir selbst lag die Art nicht vor, ich citiere sie, als aus preussischem Geschieben stammend, daher nur kurz. Der Stirnlappen zerfällt in einen grossen, stark gewölbten vorderen Teil, und in einen schmalen, flachen, niedrigeren hinteren Teil. Die ersten Seitenlappen sind gross, nach hinten verbreitert und hier noch breiter wie der vordere Teil des Stirnlappens. Die zweiten Seitenlappen fehlen, die dritten sind ganz klein, länglich oval, niedrig.

Die Abbildung Taf. V. Fig. 14 ist eine Copie nach Fr. Schmidt Rev. II. Taf. V. Fig. 8a. (Exemplar von Parizy bei Gatschina).

V. Homolichas Fr. Schmidt.

Stirn- und Seitenlappen sind mehr oder weniger stark, gleichmässig gewölbt. Nackenring ohne Fortsätze.

Lichas Branconis n. sp. Taf. II. Fig. 26. 26a.

Der Vorderrand ist in der Mitte schmal, kräftig vorgezogen, nach den Seiten verbreitert. Die Vorderrandfurche schneidet tief in den Stirulappen ein. Die Rückenfurchen sind stark Sförmig gebogen. Die ersten Seitenfurchen convergieren zuerst sehr stark, laufen dann in gleichmässigen Bogen über die Glabella und münden in die Nackenfurche. Die zweiten Seitenfurchen fehlen ganz; die dritten gehen schräg nach innen von den Rückenfurchen zur Nackenfurche; diese ist sehr breit und, wie alle Furchen, tief. Der Stirnlappen ist stark nach vorn vorgezogen und steigt von der Vorderrandfurche, dieselbe überwölbend, hoch auf, dann geht er in gleichmässiger, nicht zu starker Wölbung zur Nackenfurche, in die er steil abstürzt. In der Mitte der Glabella ist er stark eingeschnürt und etwa nur den fünften Teil so breit, als vorne. Die ersten Seitenlappen sind sehr gross, fast elliptisch, 4 mal so breit als die schmalste Stelle des Stirnlappens; vorn und hinten endigen sie in stumpfe Spitzen. Die zweiten Seitenlappen fehlen; die dritten sind oval, stark gewölbt und liegen unter den ersten Seitenlappen. Der Nackenring, nach den Wangen zu stark abfallend und verschmälert, zeigte einen geraden Hinterrand.

Die ganze Oberfläche ist mit groben Höckern bedeckt, deren Grösse namentlich auf den Seitenlappen nach hinten zunimmt. Zwischen den groben Höckern liegen kleine feinere Knötchen.

L. Branconis lag mir in einer Glabella aus bräunlichem erdigem Gestein vor, das gut mit einem von Kuckers aus Estland stammenden Handstücke übereinstimmt. Unsere Art gehört demnach der Kuckers'schen Schicht C_2 an.

Fundort: Wehlau, Ostpreussen.

L. Branconis scheint mir eine Vorläuferin der L. deflexa, die in der Jeweschen Schicht vorkommt, zu sein. Der stark eingeschnürte Mittellappen und die breiten Seitenlappen sprächen dafür, während der vorn hoch gewölbte und weit vorgezogene Stirnlappen L. Branconis von L. deflexa trennt.

Lichas deflexa Sjögren. Taf. II. Fig. 30. 30a.

1854 (1872). Lichas deflexa Sjögren in Angelin Pal. Scand. pag. 71. Taf. XXXVII. Fig. 3a—c.
1874. ? Lichas conicotuberculata Steinhardt: Preuss. Trilob. pag. 28. Taf. III. Fig. 2a—c.
1874. Lichas velata Steinhardt: l. c. pag. 30. Taf. III. Fig. 9.
1885. Lichas deflexa Fr. Schmidt: Rev. II. Acid. u. Lichid. pag. 101. Taf. IV. Fig. 24—35.

Mir lag von dieser Art nur eine sehr verdrückte Glabella vor, an deren Stelle ich auf Taf. II. Fig. 30. 30a Kopieen eines Kegel'schen Exemplars nach Schmidt (Taf. IV. Fig. 24a. b.) gebe.

Der Kopf ist hochgewölbt, nach den Seiten steil abfallend. Der Vorderrand ist schmal, gerade, an den Seiten des Stirnlappen zurückgebogen. Die Vorderrandfurche geht in die Rückenfurchen über. Die ersten Seitenfurchen sind tief, sie convergieren stark bis zur Mitte der Glabella, nach der Nackenfurche zu divergieren sie wieder. Die zweiten Seitenfurchen fehlen; die dritten sind kurz, tief, sie stehen fast senkrecht zur Längsaxe und liegen etwas vor dem mittleren Teil der Nackenfurche. Der Stirnlappen wird auf der Mitte der Glabella sehr stark eingeschnürt, nach vorne zu wird er stark erweitert, seitlich stumpfe Ecken bildend; zum Vorderrande fällt er ziemlich steil ab. Die ersten Seitenlappen sind gross; oval, fast vier mal so breit als die schmalste Stelle des Stirnlappeus; die dritten Seitenlappen sind klein, rundlich dreieckig. Die ganze Oberfläche ist mit ziemlich grossen, niedrigen Höckern besetzt.

Das von Steinhardt[1]) als L. velata beschriebene Schwanzschild gehört zu L. deflexa[2]). Er ist halbkreisförmig, flach gewölbt. Die Spindel ist mässig gewölbt, zweigliederig, nach hinten verschmälert und schräg abfallend. Jederseits sind fünf Furchen tief eingedrückt. Die beiden ersten Pleuron bilden stark nach hinten gerichtete Seitenzähne. Sie sind fast bis zum Ende gefurcht. Der Hinterrand ist in zwei kurze breite Zähne ausgezogen, die durch eine breite flache Bucht getrennt sind. L. deflexa ist sowohl in Ostpreussen (Königsberg, Wargitten) als in Westpreussen (Gischkau, Laugenau)[3]) gefunden. Die Heimat unserer Stücke dürfte wohl Estland sein, wo L. deflexa in der Kogel'schen Schicht D_2 anstehend gefunden ist.

Lichas Eichwaldi Nieszkowski. Taf. II. Fig. 27. Taf. VI. Fig. 16.

1857. Lichas Eichwaldi Nieszkowski: Monogr. d. Trilob. pag. 570. Taf. I. Fig. 16. 17.
1860. Lichas Eichwaldi Eichwald: Leth. rossica pag. 1381.
1874. Lichas Eichwaldi Steinhardt: Pr. Trilobiten. pag. 28. Taf. III. Fig. 1a—c.
1885. Lichas Eichwaldi Fr. Schmidt: Rev. II. Acid. u. Lichiden. pag. 104. Taf. IV. Fig. 10—17.

Eine Glabella und ein Schwanzschild dieser Art lagen mir vor.

Die flachgewölbte Glabella bildet ein breites, hinten abgestutztes Oval. Der Vorderrand bildet einen gleichmässigen, kräftigen Bogen; die Vorderrandfurche geht seitlich in die Rückenfurchen über. Die ersten Seitenfurchen entspringen vorn an den Seiten der Glabella, wenden sich sehr stark nach innen, gehen dann in flachen Bogen, fast parallel über die Mitte der Glabella, um vor der Einmündung in die Nackenfurche wieder nach aussen zu divergieren. Die zweiten Seitenfurchen fehlen[4]); die dritten liegen etwas vor dem mittleren Teile der Nackenfurche und stossen senkrecht auf die Rückenfurchen. Der Stirnlappen ist vorn sanft gewölbt, sehr breit, seine Ecken umgeben vorn die Seitenlappen fast ganz. Die ersten Seitenlappen sind gross, vorne spitz, hinten gerade abgestutzt, mit schwach gebuchtetem Aussenrande, sie sind etwas breiter als der schmalste Teil des Stirnlappens. Die dritten Seitenlappen sind ungefähr dreieckig, flachgewölbt. Der Nackenring ist schmal, wenig gewölbt, sein Hinterrand ist schwach konvex.

Die Oberfläche ist gleichmässig dicht mit rundlichen Höckerchen besetzt.

Das Schwanzschild ist flach gewölbt, etwas über einen Halbkreis ausgezogen. Die Spindel ist bedeutend schmäler als die Seitenteile, vorne trägt sie zwei deutliche schmale Ringel, der hintere Teil fällt sanft ab. Die Rückenfurchen convergieren wenig. Auf den flachen Seitenteilen sind je 5 Furchen vorhanden. Die beiden ersten Pleuren endigen in ganz kurzen Zähnen, die kaum über den Rand vorspringen, so dass dieser fast glatt erscheint. Das vordere Band der Pleuren ist schmäler als das hintere; die Mittelfurchen der beiden ersten Pleuren bilden nach vorn convexe Bogen

---

1) cfr. Steinhardt. l. c. pag. 30. Taf. III. Fig. 9.
2) cfr. Fr. Schmidt. l. c. pag. 102. Taf. IV. Fig. 34. 35.
3) cfr. Kiesow: Sil. u. Devongeschiebe, Westpreussen, pag. 80.
4) Die von Fr. Schmidt l. c. pag. 105 erwähnten Andeutungen der zweiten Seitenfurchen in der Höhe der Augen habe ich bei dem mir vorliegenden Exemplar von L. Eichwaldi nicht beobachten können.

und endigen in der Nähe der Zähne. Die Hinter- und Mittelfurchen der dritten Pleuren erreichen den Rand nicht. Der Hinterrand des Schwanzschildes ist schwach eingebuchtet. Um das ganze Schild läuft ein breiter schwacher Randsaum. Die Oberfläche ist fein gekörnelt.

Maasse: Länge der Glabella 25 mm, Breite 19 mm. Vordere Breite des Stirnlappens 17 mm, schmalste Stelle desselben: 4 mm. Breite der Seitenlappen 6 mm. Schwanzschild: Länge 17 mm, Breite ca. 27 mm, Spindelbreite 8 mm.

Fundorte: Belschwitz (Westpreussen). Wehlau (Ostpreussen). L. Eichwaldi gehört nach Schmidt[1]) der Wesenberger Schicht Estlands an.

Lichas cf. Pahleni Fr. Schmidt. Taf. II. Fig. 28. 29. 31.

1885. Lichas Pahleni Fr. Schmidt: Rev. II. Acid. u. Lichiden pag. 97. Taf. IV. Fig. 6—8 (9).

Zwei Glabellen zeigen grosse Aehnlichkeit mit L. Pahleni Fr. Schmidt: Sie sind mässig gewölbt, die ersten Seitenfurchen verlaufen in gleichmässigen Bogen über die Glabella, die dritten Seitenfurchen liegen etwas vor der Nackenfurche und stutzen die vorderen Seitenlappen hinten gerade ab, die Oberfläche ist wie bei L. Pahleni fein gekörnelt. Von L. Pahleni sind die beiden Glabellen durch folgende Merkmale unterschieden: Der Stirnlappen ist vorn sehr stark, doch gleichmässig vorgezogen, und fällt zum Rande steiler ab. Die Andeutung der zweiten Seitenfurchen[2]) fehlt. Die Augenfurche auf der einen erhaltenen festen Wange (Fig. 29) bildet ein stumpfwinkliges Knie und nicht wie bei L. Pahleni einen Bogen.

Mit der einen der Glabellen (Taf. II. Fig. 28) wurde ein kleines wohl erhaltenes Schwanzschild gefunden, das den Hinterrand besser erhalten zeigt, als das von Schmidt (Taf. IV. Fig. 8) abgebildete Schwanzschild von L. Pahleni. Die Spindel ist hoch gewölbt, etwas schmaler als die Seitenteile, nach hinten etwas verengt, und schräge abfallend; sie zeigt zwei deutliche Ringel. Die flachen Seitenteile tragen 5 deutliche Furchen. Die beiden ersten Pleuren endigen in spitze breite, nach hinten gerichtete Zähne; ihre gebogenen Mittelfurchen münden in die Bucht zwischen den Zähnen ein. Die Mittelfurchen der dritten Pleuren erreichen den Rand nicht; die Grenzfurchen derselben konvergieren und gehen fast bis zum Rande. Der Hinterrand bildet zwei kurze spitze Zähne, die durch eine enge tiefe Bucht getrennt sind. Die Oberfläche des Schwanzschildes ist sehr dicht und fein gekörnelt.

Maasse: Länge der Glabella 1,8 mm, Breite 14 mm.
„ „ „ 11 mm, „ 9 mm.
Länge des Schwanzschildes 11 mm, Breite 2,2 mm, Spindelbreite 6 mm.

Fundort: Umgegend von Königsberg, in bläulich grauem, feinkörnigem, fast dichtem Kalke, der dem der Jeweschen Schicht ähnelt.[3])

---

1) cf. Fr. Schmidt l. c. pag. 107.
2) cf. Fr. Schmidt l. c. Taf. IV. Fig. 6a.
3) L. Pahleni selbst gehört der Jewe'schen Schicht D_1 an; vergl. Fr. Schmidt: Rev. II. Accd. u. Lichid. pag. 100.

Lichas sp. Taf. II. Fig. 35.

Das auf Taf. II. Fig. 35 abgebildete Schwanzschild aus Wesenberger Gestein scheint in die Verwandtschaft der Lichas Pahleni F. Schm. zu gehören. Die Spindel ist hoch gewölbt, vorn mit 2 schwach angedeuteten Ringeln.

Auf den Seitenteilen sind 5 Furchen vorhanden. Die beiden ersten Pleuren endigen in spitze Seitenzähne. Der Hinterrand fehlt. Der Umschlag des Schwanzschildes ist mit feinen Terrassenlinien verziert.

Fundort: Rippkeim bei Wehlau Ostpreussen, in rötlichem Wesenberger Kalk.

Lichas cf. angusta Beyrich. Taf. II. Fig. 34.

1846. Lichas angusta Beyrich: Unters. üb. Trilobiten. II. St. pag. 6. Taf. I. Fig. 6.
1875. Lichas angusta Beyrichin Fr. Schmidt. Rev. II. pag. 108. Taf. IV. Fig. 18—23.

Eine kleine, schlecht erhaltene Glabella aus Ostpreussen zeigt den in der Mitte stark verschmälerten Stirnlappen, wie L. angusta, doch der Vorderteil des Stirnlappens ist nicht stumpfwinklig vorgezogen, sondern gleichmässig aber stark gewölbt. Die Oberfläche ist sparsam mit kleinen Höckerchen bedeckt.

Fundort: Wehlau Ostpreussen.

Das Gestein ist dem der Lyckholmer Schicht ähnlich.

Lichas Lindströmi. n. sp. Taf. V. Fig. 10.

Ein Schwanzschild aus einem Geschiebe von Wehlau lag mir vor, das der schwedischen Art L. triquetrus Lindström sehr nahe steht. Herr Prof. Lindström, der die Liebenswürdigkeit hatte, das betr. Geschiebe zu begutachten, riet mir die vorliegende Art von L. triquetrus zu trennen. Diesen Rat befolgend, erlaube ich mir, diese neue Art L. Lindströmi zu benennen. Das Schwanzschild ist flach, nicht ganz doppelt so breit als lang. Die Spindel ist hochgewölbt und wie bei L. triquetrus[1]) hinten durch eine tiefe Furche deutlich begrenzt, ihr vorderer Teil ist nicht erhalten; er trug jedenfalls 2 Ringe. Jederseits sind auf den Seitenteilen 5 Furchen erhalten. Die beiden ersten Pleuren endigen in stark nach hinten umgebogene Zähne; ihre stark gebogenen Mittelfurchen gehen etwa bis zur Bucht eines jeden Zahnes. Die Grenzfurchen der dritten Pleuren convergieren sehr stark, ohne jedoch wie bei L. triquetrus zusammen zu stossen. Die kurzen Mittelfurchen der dritten Pleuren gehen bei L. Lindströmi von den hinteren Grenzfurchen etwas hinter der Endfurche der Spindel aus, während sie bei L. triquetrus in gleicher Höhe mit dieser Endfurche entspringen. Der etwas zerstörte Hinterrand war in zwei kurze, stumpfe, dichtgestellte Zähnchen ausgezogen. Die Oberfläche ist dicht und fein gekörnelt.

Maasse: Länge 7 mm, Breite 12 mm, Spindelbreite 3,5 mm.

L. Lindströmi gehört dem Ober-Silur an. Nach einer Mitteilung des Herrn Prof. Lindström entspricht das Gestein ungefähr der obersten Gotländer Zone h. (vergl. Seite 12).

---

1) cf. Lindström: Förteckning på Gotlands siluriska Crustaceer. in. Oefversigt af. K. Vetensk.-Akad. Förhandl. No. 6, pag. 59 (Jahrg. 1885).

V. Oncholichas. Fr. Schmidt.

Die ersten Seitenfurchen münden in hakenförmigen Bogen in die Nackenfurche ein. Am Schwanzschilde sind jederseits 3 vollständig ausgebildete Pleuren vorhanden.

Lichas aranea Lindström. Taf. V. Fig. 11.

1885. Lichas araneus Lindström. Förteckning på Gotlands Crustac. pag. 58, Fig. 30, Taf. XV.

Ein Bruchstück eines Schwanzschildes ist gut mit der angeführten Lindströmschen Art zu vereinigen. Die Pleuren sind bis zum Ende deutlich gefurcht, die beiden ersten Pleuren endigen in stumpfe Zähne, die dritten in kurze Vorsprünge. Der Hinterlappen zwischen den dritten Pleuren ist schwach eingebuchtet. Trotz einer grossen Aehnlichkeit mit L. Visbyensis Lindström[1]) musste ich das vorliegende Stück zu L. araneus stellen, da der Abdruck eines Spindelstückes in demselben Geschiebe, den gleichmässigen Abfall der Spindel nach hintenzu zeigte, während L. Vibyensis im hinteren Teile der Spindel eine buckelförmige Erhöhung mit steilem Abfall zeigt. Die Schale ist dicht gekörnelt. L. araneus ist bei Marienwerder gefunden worden (vergl. pag. 12). Nach Lindström kommt L. araneus auf Fä-rö, also im oberen Gotländer Obersilur vor.

IX. Fam. Acidaspidae.

Gattung: **Acidaspis** Murch: Barr. Schmidt.
(Odontopleura, Emmr., Burm., Beyr., Römer.)

Acidaspis mutica Emmrich. Taf. VI. Fig. 30. 31.

1845. Odontopleura mutica: Emmrich: Ueber die Trilobiten. pag. 44.
1846. Odontopleura mutica: Beyrich: Unters. üb. Trilob. II. Stück. pag. 19. Taf. III. Fig.3.
1888. Acidaspis mutica: Wiegand: Trilob. d. sil. Gesch. Meklenb. pag. 93. Taf. X. Fig. 19abc. 20.

Eine Glabella und ein Schwanzschild aus graulich grünem Graptolithengestein stelle ich zu dieser Art.

Die Glabella ist breit eiförmig, vorn etwas eingeschnürt. Die ersten Seitenfurchen fehlen, die zweiten biegen bald nach hinten um und erreichen kaum die Umbiegung der dritten Seitenfurchen, welche deutlich bis zur Nackenfurche gehen. Der Nackenring ist breit, hinten convex; die seitlichen Lappen desselben sind ziemlich deutlich ausgebildet. Die Oberfläche ist gekörnelt, in der Mitte des Nackenringes steht ein gröberes Höckerchen.

Der vordere Rand des Schwanzschildes ist gerade, die Vorderecken sind kurz abgerundet. Die Spindel lässt zwei Glieder deutlich, ein drittes undeutlicher erkennen. Dem zweiten Gliede entspricht auf den Seitenteilen ein nach hinten gebogener Wulst, dessen Verlängerung als kräftiger Stachel über den Rand hinausragt. An

---

1) cf. Lindström l. c. pag. 58. Taf. XVI. Fig. 11.

den Seiten tritt vor diesen Stacheln je ein Zähnchen, am Hinterrande treten vier Zähnchen auf. Die Oberfläche des Schwanzschildes ist fein gekörnelt.

Fundort: Pr. Holland, Ostpreussen, in Graptolithengestein.

Heimat: Das Ostseegebiet zwischen Schweden und Estland.

Anhang:

Das von Kiesow (Sil. und Devon. Geschiebe Westpr. pag. 80 Taf. IV. 9 a b) aus Wesenberger Gestein erwähnte Schwanzschild einer Acidaspisart, scheint mit der Barrandeschen Art Ac. Hörnesi (Barr. Bd. I. pag. 723. Taf. XXXVIII. Fig. 30) nahe verwandt zu sein.

Was Steinhardt (Pr. Trilob. pag. 62) für eine Art aus der Masckeschen Sammlung vorgelegen hat, kann ich nicht entscheiden. Steinhardt stellt sie in die Verwandtschaft von Ac. Prevosti Barr., doch diese Art hat stets 4—5 Seitenstacheln vor dem eigentlichen Pleurenstachel[1]), während Steinhardt nur drei angiebt.

X. Fam.: Proëtidae.

Gattung: **Proëtus-Steininger.** Barrande (z. T.).
(Forbesia. M'Coy. Gerastos-Goldfuss.)

Proëtus verrucosus Lindström. Taf. V. Fig. 27.

1885. Proëtus verrucosus Lindström: Förteckn. på Gotl. sil. Crust. pag. 81. Taf. XVI. Fig. 15.

In einem dichten grauen, etwas mergeligen Kalke aus Westpreussen liegt eine grosse etwas verdrückte Glabella, welche deutlich die Merkmale der Lindströmschen Art Pr. verrucosus besitzt: Sie ist ziemlich kräftig gewölbt, nach vorn verschmälert, mit fast gerade abgestutztem Hinterrade. Die Seitenfurchen, drei Paare an der Zahl, sind sehr wenig deutlich; die dritten sind stark nach hinten gerichtet. Auf dem Nackenringe werden durch tiefe Aeste der Nackenfurche ziemlich grosse, rundlich dreieckige, stark gewölbte Seitenbuckel abgeschnürt. Die Oberfläche ist mit flachen, warzenförmigen Höckern bedeckt, die nach hinten zu gröber werden. Der Randsaum vor der Glabella ist mit sehr feinen parallelen Terrassenlinien verziert.

Länge der Glabella 10 mm, hintere Breite 10 mm, vordere Breite 6 mm.

Fundort: Belschwitz in Westpreussen.

Anstehend ist Pr. verrucosus bisher nur aus den Mergelschiefern Gotlands bekannt.

Proëtus signatus Lindström. Taf. VI. Fig. 22.

1884. Proëtus pulcher Nieszk. var. Kiesow: Sil. u. Devon. Gesch. pag. 84. Taf. IV. Fig. 12.

1885. Proëtus signatus Lindström: Förteckn. på Gotl. sil. Crust. pag. 80. Taf. XIV. Fig. 16. 17.

Mehrere kleine Glabellen stimmen gut mit der von Lindström a. a. O. für Pr. signatus gegebenen Beschreibung: Sie sind ziemlich kräftig, in der Mitte fast

---

1) cf. Barrande Bd. 1. Ac. Prevosti pag. 739. Taf. XXXIX. Fig. 33—41.

dachförmig, gewölbt, nach vorn stark verschmälert. Die Seitenfurchen sind als feine schräg nach innen verlaufende Eindrücke ausgebildet. Die beiden ersten Paare sind kurz, gerade, nach innen etwas verbreitert; die dritten laufen zuerst den vorderen parallel und knicken dann nach hinten um; in der Verlängerung ihres vorderen Astes liegt ein kleiner länglicher Eindruck. Vor den ersten Seitenfurchen sind bei einzelnen Stücken noch kleine kürzere Vertiefungen — je eine auf jeder Seite — zu erkennen.

Die Oberfläche erscheint fein chagriniert. Der vor der Glabella ziemlich stark gewölbte Randsaum ist mit feinen, parallelen Terrassenlinien verziert. Auf dem Nackenringe sind deutlich die länglich dreieckigen Seitenbuckel abgeschnürt; das eine der Stücke (von Belschwitz in Westpreussen) lässt einen feinen Mittelhöcker erkennen.

Maasse: Länge der Glabella 5 mm, Breite 4 mm.
" " " 7 " " 5,5 "

Mit dem einen der Stücke wurde ein kleines Schwanzschild gefunden, das bei 5 mm Länge und 7 mm Breite eine hochgewölbte neunugliedrige Spindel und sieben längsgefurchte Pleuren zeigte, welche fast bis zum Rande deutlich ausgebildet sind; die Seitenteile fallen in gleichmässiger Wölbung ab. Die Oberfläche ist ebenfalls fein chagriniert.

Fundorte: Pr. Holland, Ostpreussen; Belschwitz: Langfuhr, Westpreussen.

Das Gestein ist ein gelblicher, bröckeliger Kalk mit weissen Kalkspathnestern; seine Heimat ist das gotländische Obersilur.

Proëtus concinnus Dalman. Taf. VI. Fig. 27.

1828. Calymene concinna Dalm: Palaeaden. pag. 40. Taf. I. Fig. 5a—c.
1885. Proëtus concinnus Lindström: Förtecku. på. Gotl. Sil. Crust. pag. 78.

Glabellen dieser Art fand ich mehrfach in grauem körnigem Loperditiengestein. Sie zeichnen sich durch sehr starke Wölbung aus, und sind nach vorn wenig verschmälert. Von den Seitenfurchen sind nur die beiden letzten Paare als ganz schwache, kaum erkennbare Eindrücke ausgebildet. Die Oberfläche erscheint unter der Lupe kaum chagriniert. Der Nackenring trägt stets deutliche stark gewölbte Seitenbuckel und Mittelhöcker.

Das auf Taf. VI. Fig. 27 wiedergegebene bei Ragnit gefundene Schwanzschild ist ungefähr halbkreisförmig mit hochgewölbter achtgliedriger Spindel, deren erste Ringel besonders kräftig ausgebildet sind. Die flachgewölbten Seitenteile lassen 4—5 gefurchte nicht sehr deutliche Pleuren erkennen, welche bis zu dem, das ganze Schild umgebenden Randsaum gehen.

Fundorte: Ostpreussen, Umgegend von Königsberg, Ragnit (in feinkörnigem gelbgrauem Kalk). Westpreussen, Umgegend von Danzig. Belschwitz.

Pr. concinnus gehört sowohl dem Obersilur Gotlands als Oesels an.

Proëtus affin. concinno Dalman. Taf. VI. Fig. 26.

[1828. Proëtus concinnus Dalman: Palaeaden pag. 40. Taf. I. Fig. 5a—c.]

In einem Geschiebe graulichen, kleinkörnigen, etwas mergeligen Kalkes, der in seiner Beschaffenheit dem Leperditiengestein sehr ähnlich ist, fanden sich mehrere kleine Glabellen einer Proëtusart, welche dem Pr. concinnus als nahe verwandt zu erachten ist. Die Glabella ist kurz, ziemlich kräftig gewölbt. Die Seitenfurchen scheinen vollständig zu fehlen. Der Nackenring zeigt bei einigen Bruchstücken deutlich die scharfabgeschnürten Seitenbuckel, wie sie für Pr. concinnus charakteristisch sind, und einen kleinen Mittelhöcker. Von der gotländischen Form des Pr. distans[1]), mit der die vorliegenden Stücke die Form und Ausbildung der Glabella gemein haben, unterscheidet sich unsere Art dadurch, dass die Glabella hart an den aufgeworfenen vorderen Randsaum stösst.

In demselben Geschiebe wurden mehrere Schwanzschilder gefunden, deren hochgewölbte breite Spindel achtgliederig ist, und deren Seitenteile vier deutlich gefurchte Pleuren tragen. Das ganze Schild ist von einem schwächeren undeutlicheren Randsaume umgeben, als die Stammform des Pr. concinnus. — Die Oberfläche ist fast ganz glatt.

Maasse: Länge der Glabella: 2,5 mm, Breite: 2,5 mm.
Länge des Schwanzschildes 3 mm, Breite 5 mm, Spindelbreite 2 mm.
Fundort: Königsberg.

Als Heimat dieser Varietät des Pr. concinnus ist das Gebiet zwischen Estland und Schweden anzunehmen.

Proëtus distinctus n. sp. Taf. VI. Fig. 23.

Mehrere Glabellen zeigen eine gewisse Aehnlichkeit mit Pr. ramisulcatus Nieszk.[2]) in bezug auf den Verlauf der Seitenfurchen, indem die ersten beiden Paare schräg nach innen gewendet sind, während das dritte Paar wie bei Pr. ramisulcatus einen Ast nach hinten zur Nackenfurche sendet. Von Pr. ramisulcatus unterscheidet sich unsere Art durch einen erheblich breiteren Nackenring, auf dem die Seitenbuckel als flache längliche dreieckige Erhöhungen abgeschnürt sind. Nieszkowski giebt ausserdem für Pr. ramisulcatus einem breiten gewölbten Randsaum an, während bei meinen Stücken der Randsaum vor der Glabella nur flach aufgeworfen erscheint.

Die Oberfläche der Glabella ist dicht gekörnelt; der Randsaum zeigt neben feinen eingestochenen Pünktchen ganz schwache runzelartige Leistchen.

Maasse: Länge der Glabella 6 mm, Breite 5 mm.
Fundort: Nasser Garten bei Königsberg. Wehlau. Pr. Holland.

Das Gestein ist ein grobkörniger, krystalliner, graubrauner Kalk, der dem Phaseoluskalk sehr ähnlich ist. Die Heimat kann das Ostseebecken zwischen Gotland und Oesel, resp. eine dieser beiden Inseln sein.

Ein mit der auf Taf. 6, Fig. 23 abgebildeten Glabella zusammen gefundenes Schwanzschild, das ich zu dieser Art stelle, ist ziemlich genau halbkreisförmig, von einem breiten flachen Randsaum umgeben. Die hochgewölbte Spindel lässt neun Glieder erkennen, während auf den Seitenteilen sieben deutliche gefurchte Pleuren zu unterscheiden sind.

1) cfr. Lindström: Förteckn. pag. 79. Taf. XV. Fig. 21.
2) cfr. Nieszkowski. Monographie pag. 46 (560) Taf. III. Fig. 1.

Proëtus sp. Taf. VI. Fig. 25.

Die auf Taf. VI. Fig. 25 abgebildete Glabella ist ausserordentlich hoch gewölbt und zeigt auf der vollkommen glatten Oberfläche einen ähnlichen Verlauf der sehr schwach angedeuteten Seitenfurchen wie Pr. signatus; der Nackenring ist aber verhältnismässig schmäler und mit weniger grossen Seitenbuckeln verziert.

Fundort: Belschwitz, Westpreussen, in gelbgrauem bröckligen obersilurischem Kalk.

Proëtus sp. Taf. VI. Fig. 24.

In einem dichten graublauen Kalke, der an Chonetenkalk erinnert, fand ich das auf Taf. VI. Fig. 24 wiedergegebene Schwanzschild. Es ist gleichmässig stark gewölbt, von ungefähr halbkreisförmigem Umriss. Die wulstförmige Spindel nimmt etwa ein Drittel der ganzen Schildbreite ein und zeigt acht deutlich abgesetzte Ringel. Die gleichmässig abfallenden Seitenteile haben sieben längsgefurchte Pleuren, welche fast bis zum Rande des Schildes gehen. Der Rand ist glatt, ohne einen deutlichen Saum. Länge 8 mm, Breite 10 mm.

Fundort: Nasser Garten bei Königsberg.

Gattung **Cyphaspis Burmeister.** Barrande (z. T.)
[Gonipleura-Angelin.]

Cyphaspis parvula. n. sp. Taf. VI. Fig. 28. 28a.

In einem hellgrauen, feinkörnigen Kalk fand ich mehrere kleine Glabellen und freie Wangen einer Cyphaspisart, welche ich mit keinem der bekannten Vertreter dieser Gattung identifizieren konnte. Die Glabella ist kurz, nach vorn stark verjüngt, kräftig gewölbt. Die wenig nach hinten konvergierenden tiefen dritten Seitenfurchen schneiden jederseits längliche Lappen von der Glabella ab, welche etwas niedriger gewölbt sind als die Glabella selbst. Vor der Glabella fällt das Kopfschild schräge nach vorn zu dem gewulsteten breiten Randsaum ab. Die Entfernung der Glabella vom Randsaum ist etwa gleich der Breite des Saumes.[1]) Die Oberfläche der Glabella erscheint fast ganz glatt,[2]) der Randsaum ist fein gestreift. Die erhaltenen freien Wangen sind kräftig gewölbt, in ziemlich lange, spitze Wangenstachel ausgezogen. Die Hinter- und Seitenrandfurche sind sehr tief und stossen in einem Winkel von ungefähr 45° zusammen, die entsprechenden Randsäume sind stark gewulstet. Der Saum des Seitenrandes ist parallel gestreift. Die Augen sind sehr gross, kugelig aufgeblasen, am Grunde von einer tiefen Furche umgeben.

Maasse: Glabellalänge 3,5 mm, -breite 2,5 mm.

Höhe der Wangen (Entfernung des oberen Augenrandes vom Seitenrande) 4 mm.

Fundort: Königsberg, in hellgrauem, an Phascoluskalk erinnerndem, Kalkstein. Weder aus Schweden noch aus Estland ist mir eine ähnliche Art bekannt.

---

1) Bei der von Nieszkowski aus Estland beschriebenen Art Cy. megalops M'Coy ist diese Entfernung dreimal so breit als der Randsaum [cf. Nieszkowski: Monographie pag. 50 (364)].

2) Bei der einzigen schwedischen Art, C. elegantula Angelin [Pal. Scand. pag. 23. Taf. XVII. Fig. 7) ist die Oberfläche deutlich gekörnelt.

Dem Gestein nach dürfte als Heimat das Ostseebecken zwischen Gotland und Oesel anzunehmen sein,[1]) vielleicht auch eine dieser beiden Inseln selbst.

Cyphaspis sp. Taf. VI. Fig. 29.

In graugrünem Graptolithengestein fand sich neben Acidaspis mutica Emmr. das auf Taf. VI. Fig. 29 in dreifacher Vergrösserung wiedergegebene Schwanzschild. Es ist kräftig gewölbt mit hoher siebengliedriger Spindel. Auf den Seitenteilen sind fünf Pleuren vorhanden, welche durch eine Längsfurche in ein vorderes breites und ein schmäleres hinteres Band geteilt werden, und deutlich bis zum Rande gehen. Die Oberfläche ist dicht mit spitzigen Höckerchen besetzt.

Fundort: Pr. Holland. Als Heimat ist das Ostseegebiet zwischen Schweden und Estland anzunehmen.

Im Anschluss an die Gattungen Proëtus Stein. und Cyphaspis Burm. gebe ich noch eine Charakteristik der im Gotländischen Silur vertretenen Gattung:

Phaëtonides Barrande,

welche den Uebergang von Proëtus zu Cyphaspis bildet. Unten dem Namen Phaëton fasste Barrande die Formen seiner Proëtidengruppe G. zusammen, deren Schwanzschild mit spitzigen Seitenzähnen verziert ist, und zählte dazu die Formen Pr. Archiaci planicauda und striatus.[2]) Diese Arten sind zugleich dadurch ausgezeichnet, dass die dritten Seitenfurchen, abweichend von denen der ächten Proëtiden, tiefer ausgebildet und stärker nach hinten gewendet sind, und, ähnlich wie bei der Gattung Cyphaspis, die dritten Seitenlappen fast vollständig von der Glabella abschnüren. Dieselbe Eigentümlichkeit der Glabella weisen auch noch die Barrandeschen Arten Proëtus decorus und Astynax[3]) auf, deren Schwanzschild aber nicht gezähnt, sondern ganzrandig ist.

Angelin[4]) stellt aus diesen fünf obengenannten Arten zusammen mit Phaëtonides Stokesi Murch. die Gattung Phaëtonides Barr. auf und giebt als besonderes Merkmal an: „Frons ovata .... utrinque lobo 1 basali distincto, lineisque 2 obsoletis abbreviatis impressis." Nehmen wir diese Diagnose Angelins als Gattungsmerkmal für Phaëtonides an, so sind nicht nur die oben genannten Arten Barrandes und Angelins zu Phaëtonides zu zählen, sondern auch Cyphaspis novella Barrande[5]) und Cyphaspis punctillosa Lindstr.,[6]) welche beiden Arten je drei Seitenfurchen auf der Glabella tragen, während bei allen anderen Cyphaspisarten nur allein die dritten Seitenfurchen ausgebildet sind. Bei näherer Betrachtung erscheint auch die Stellung der Augen dieser Arten als eine andere wie bei den echten Cyphaspiden.

---

1) cf. Nötling: Die Cambr. u. Silur. Geschiebe der Provinzen Ost- und Westpr. Jahrb. d. K. Pr. geol. Landesanstalt 1882, pag. 297.
2) cf. Barrande: Syst. sil. Vol. I, pag. 471 ff. Taf. XVII. Fig. 24—31 und 42—49.
3) cf. Barrande: l. c. pag. 468, Taf. XVII. Fig. 13—21 und pag. 470, Taf. XVII. Fig. 22. 23.
4) cf. Angelin: Pal. Scand pag. 21.
5) cf. Barrande l. c. pag. 491. Taf. XVIII. Fig. 59, 60.
6) cf. Lindström: Förteckning på Gotl. Sil. Crust. pag. 77.

Während nämlich bei letzteren die Augen immer ungefähr in der Mitte der Wangen liegen, rücken sie bei den zu Phaëtonides zu stellenden Arten ganz nahe an die Glabella heran, so dass hierdurch eine Annäherung an die Gattung Proëtus erzielt wird. Möglicher Weise gehört auch Cyphaspis depressa Barr.[1]) zu Phaëtonides, wofür die Stellung der Augen dicht an der Glabella spricht. Allerdings hat Barrande nur bei einigen Exemplaren von Cy. depressa Andeutungen der zweiten Seitenfurchenpaare gefunden, während die ersten stets fehlen und meistens nur die dritten in der für die Gattung Cyphaspis eigentümlichen Form auftreten.

Fassen wir das vorhin Gesagte zusammen, so können wir die von Angelin gegebene Gattungscharakteristik nur bestätigen, und vereinigen unter Phaëtonides diejenigen zur Familie der Proëtiden gehörenden Trilobiten, „deren Glabella drei Paare von Seitenfurchen zeigt, deren dritte Seitenfurchen die hintersten Seitenlappen ähnlich wie bei Cyphaspis in Form länglicher Erhöhungen von der Glabella abschnüren, und deren Augen nahe an der Glabella liegen. Als minderwertiges Merkmal kommt dann noch hinzu, dass der Rand des Schwanzschildes glatt oder gezähnt ist."

Aus unseren Geschieben liegt mir nur eine kleine Glabella aus Beyrichienkalk vor, die das für Phaëtonides eigentümliche Gattungsmerkmal zeigt, ohne dass sie darauf hin näher zu bestimmen wäre. Der Fundort ist Cranz in Ostpreussen.

XI. Fam.: Illaenidae.

Gattung: Illaenus Dalman.

I. Untergattung: Illaenus s. str.

A. Augentragende.

Illaenus jevensis Holm. Taf. III. Fig. 1. 1 a. 2. 3.

1886. Illaenus jevensis Holm. in Fr. Schmidt: Rev. III. Illaeniden pag. 57. Taf. X. Fig. 1—7.

Mehrere Bruchstücke von Kopfschildern und einzelne Schwanzschilder dieser Art lagen mir in Steinkernen vor.

Der Kopf ist breit, von halbelliptischem Umriss. Die Wölbung in der Längsrichtung bildet einen gleichmässigen kräftigen Bogen. Der Vorderrand ist abgerundet. Die breite flache Glabella bildet mit den festen und freien Wangen[2]) eine gleichmässige Wölbung. Die auf dem Steinkerne scharf eingedrückten Rückenfurchen erreichen etwas über ein Drittel der Länge des Kopfes (nach der Wölbung gemessen); sie convergieren, aber nur wenig, bis etwa zum Vorderende des Augendeckels und gehen dann ein wenig auseinander. Die Augen sind gross, etwa dreiviertel ihrer eigenen Länge vom Hinterrande und etwas mehr als die halbe Glabellabreite von den Rückenfurchen entfernt. Die Gesichtsnaht ist hinter dem Auge beinahe ganz gerade und ganz wenig nach aussen gerichtet. Die freien Wangen sind nach Holm[3])

---

1) cf. Barrande l. c. pag. 492. Taf. XVI, Fig. 38—40.
2) Holm: l. c. pag. 57.
3) Holm: Illaeniden pag. 58.

flach gewölbt, nach vorn etwas verschmälert, mit geradem Aussenrande und fast rechtwinkliger Hinterecke.

Der Leib ist zehngliederig.[1])

Das Schwanzschild ist etwa 1¼ mal so breit als lang, sein Umriss bildet einen Abschnitt einer kurzen Ellipse. Es ist wie das Kopfschild ganz gleichmässig gewölbt. Die Spindel ist breit (über ein Drittel der ganzen Schildbreite), stark gewölbt, und nur in ihrem vorderen Teile deutlich durch die stark convergierenden Rückenfurchen begrenzt. Die Gelenkfläche ist gross, stark nach unten gebogen, ihr Hinterrand etwa doppelt so gross als der Abstand des Knies von der Spindel. Die Furche hinter dem Knie ist breit und tief. Auf den Seitenteilen sind ganz schwache Andeutungen von Rippen zu bemerken. Der etwas gehöhlte Umschlag nimmt nach hinten an Breite zu; in seiner Mittellinie läuft eine schwache Furche, und sein Vorderrand bildet hier einen stumpfwinklig-zungenförmigen Vorsprung, der etwa bis zur Mitte des Schwanzschildes reicht (Taf. III. Fig. 3).

Die Schale ist glatt. Am Vorderrande des Kopfes und auf dem Umschlage des Schwanzschildes treten Terrassenlinien auf.

Maasse: Kopfschild: Länge (Projection) 19 mm, Breite 32 mm (des Mittelschildes), Glabella: grösste Breite: 21 mm, geringste Breite: 17,5 mm, Augendeckellänge 6,5 mm.

Schwanzschild: Länge 26 mm, Breite 35 mm, Spindelbreite 13 mm.
„ 25 „ „ 33 „ „ 12 „

Fundorte: Umgegend von Königsberg.

Illaenus jevensis Holm gehört der Jeweschen Schicht an und ist bisher in anstehendem Gestein nur in Estland gefunden.

Illaenus Chiron Holm. Taf. III. Fig. 4. 4a. 5.

1818. Illaenus crassicauda Burmeister: „Neue Beobacht. uber Trilob." in D'Alton u. Burm. Zeitschr. f. Zool. etc. Bd. I. Heft 10. pag. 79. Taf. I. Fig. 18.
1874. Illaenus centaurus Steinhardt. Preuss. Trilobiten pag. 47. Taf. IV. Fig. 4—6. Taf. V. Fig. 10a—d.[2])
1883. Illaenus Chiron Holm. Svenska Arterna. pag. 88. Taf. III. Fig. 1—17.
1884. Illaenus Chiron Kiesow. Sil. u. Devon. Geschiebe Westpr. pag. 83.
1886. Illaenus Chiron Holm in Fr. Schmidt. Revision III. Illaeniden pag. 64. Taf. XII. Fig. 13. a. b.

Der kurze, stark nach unten gebogene Kopf zeichnet sich durch folgende Merkmale aus: Die Glabella ist durch kurze tief einschneidende Rückenfurchen begrenzt. Sie übertrifft an Höhe die von den Rückenfurchen stark aufsteigenden festen Wangen um einige Millimeter. Auf dem vorderen Teile der Glabella machen sich — namentlich auf dem Steinkern — zwei ziemlich weit nach vorn gehende parallele ganz flache Furchen bemerkbar. Die grossen Augendeckplatten ragen weit aus dem

---

1) Holm: Illaeniden pag. 58.
2) Die, Tafel V. Fig. 10a und b, von Steinhardt hinzugezeichneten Wangen sind falsch, sie gehören nach Holm (Schmidt: Revision III. pag. 64) einer Megalaspisart an.

Mittelschilde hervor; von denselben geht schräg nach innen und vorn je ein grober Wulst, der zugleich die stärkste Wölbung der festen Wangen in der Längsrichtung angiebt. Der Vorder- und Aussenrand des Kopfschildes bilden einen gleichmässigen flachen Bogen. Der Vorderrand ist mit einer groben Falzlinie versehen.

Die freien Wangen sind nach Holm[1]) stark nach unten gebogen gewölbt, etwa von Trapezform, mit kurz abgerundeter Hinterecke.

Der Leib besteht aus 10 Segmenten.[2])

Das Schwanzschild ist etwas über einen Halbkreis vorgezogen (Länge zu Breite etwa = 2 : 3). Bei den meisten Stücken ist die Wölbung nach dem Rande zu gleichmässig, seltener findet sich die Neigung zur Bildung eines Randsaumes mit breiter Randfurche. Holm[3]) sieht in dieser verschiedenen Ausbildung des Schwanzschildes örtliche Unterschiede, indem Stücke ohne Randsaum nur Schweden, solche mit Randsaum dem russischen Silur angehören sollen. Die Spindel ist ziemlich lang, bei Stücken mit Schale selten bis zur Spitze deutlich ausgebildet. Die Gelenkfläche ist gross und breit, stark nach unten gebogen, ihr Hinterrand ist grösser als der Abstand von der Spindel bis zum Kniee. Die Furche hinter der Gelenkfläche ist breit und tief.

Die Schalenverzierung dieser Art ist sehr charakteristisch: Die sehr dicke Schale ist sowohl auf dem ganzen Kopf- als Schwanzschilde mit groben Terrassenlinien verziert, zwischen denen ziemlich dichtgestellte grobe Punkte eingestochen sind.

Illaenus Chiron ist sowohl in Ost- als Westpreussen ziemlich häufig gefunden. Die Heimat der meisten Stücke scheint mir Schweden zu sein, da Schwanzschilder mit der Neigung zur Bildung eines Randsaumes recht selten sind.

Illaenus Chiron gehört Geschieben vom Alter des eigentlichen Echinosphaeritenkalkes C_1 an.

Illaenus tauricornis Kutorga. Taf. III. Fig. 8. 9. 10. 11.

1860. Illaenus cornutus Eichwald. Lethaea rossica pag. 1480. Taf. LIII. Fig. 7.
1874. Illaenus tauricorius Kutorga in Steinhardt. Preuss. Trilob. pag. 51. Taf. VI. Fig. 2a -c.
1874. Illaenus Eichwaldi Steinhardt. Preuss. Trilobiten. pag. 49. Taf. IV. Fig. 7a—d.
1886. Illaenus tauricornis Holm in Fr. Schmidt. Revision III. Illaeniden. pag. 74. Taf. VI. Fig. 1—11.

Diese sehr charakteristische Art liegt mir in mehreren Bruchstücken mit zum Teil wohl erhaltener Schale vor.

Der Kopf ist mehr als zweimal so breit als lang, in der Längsrichtung sehr stark gewölbt, in seinem vorderen Teile gerade zum Vorderrande abfallend. Der Vorderrand ist abgerundet, doch ziemlich scharf. Die stärkste Wölbung des Kopfschildes liegt zwischen den Augen. Die Rückenfurchen sind sehr tief und stark eingedrückt, sie gehen etwa bis zur halben Länge des Kopfschildes. Die Glabella ist

---

1) cf. Holm: Svenska Arterna pag. 92. Taf. III. Fig. 10.
2) cf. Holm: Svenska Arterna pag. 92. Taf. III. Fig. 1.
3) Holm: Illaeniden (Fr. Schmidt. Revision III) pag. 66.

meistens hochgewölbt und zwischen den Augen sehr stark eingeschnürt, nach vorn und hinten erweitert sie sich fast gleichmässig. Die festen Wangen steigen von den Rückenfurchen hoch auf, so dass die Augendeckel die Höhe der Glabella noch bedeutend überragen. Zum Hinterrande fallen die festen Wangen steil ab. Die Augendeckel sind gross, mehr als einen Halbkreis bildend, kräftig gewölbt, und liegen weit nach hinten; ihr Abstand von den Rückenfurchen beträgt $^1/_2 - ^2/_3$ der Glabellabreite und mehr. Die Gesichtsnähte sind hinter dem Auge stark nach aussen gerichtet, vor den Augen divergieren sie in schwach Sförmigen Bogen nach vorne.

Die freien Wangen fallen steil ab. Die Hinterecken sind in lange, drehrunde, nach aussen gerichtete, geschwungene Hörner ausgezogen. Die freie Wange erhält dadurch die Form eines Dreiecks mit dem Aussenrande als längste Seite. Die Sehfläche der Augen ist schmal, bandartig, am Grunde von einer tiefen Furche begrenzt. Der Aussenrand der freien Wangen neigt zur Gratbildung.

Das Schnauzenschild auf dem fast flachen Umschlage ist gross, bis dreimal so breit als lang.

Der Rumpf besteht aus zehn Ringeln, deren Spindel nicht sehr hoch gewölbt ist. Das Schwanzschild ist gerundet dreieckig bis parabolisch, der mittlere Teil ist flach, die Ränder sind ziemlich stark nach unten gebogen. Die Spindel ist kurz, bis zur Spitze deutlich durch die Rückenfurchen begrenzt. Hinter der Spindel ist oft der Ansatz eines schwachen Kieles vorhanden. Der Hinterrand der Gelenkfläche ist kleiner als der Abstand des Kniees von der Spindel. Der Umschlag nimmt nach hinten stark an Breite zu und zeigt in der Mittellinie eine ziemlich tiefe Furche. Schalenverzierung: Ueberall treten Terrassenlinien auf, die namentlich auf dem vorderen Teile des Kopfschildes sehr dicht und grob sind. Ausserdem ist das ganze Kopfschild mit Ausnahme der nächsten Umgebung der Rückenfurchen mit sehr groben dichtgestellten eingestochenen Punkten bedeckt. Die Schale des Schwanzschildes zeigt wenige Terrassenlinien, die quer über das ganze Schild hinübergehen.

Maasse: Kopf: Länge (Projektion) 19 mm, Breite ca. 65 mm, Höhe 20 mm. Höhe der Augendeckel über der Glabella 3,5 mm. Glabellenbreite: hinten 17 mm, zwischen den Augen 13 mm, Abstand der Augen von den Rückenfurchen 9 mm, vom Hinterrande 2—3 mm. — Schwanzschild: Länge 23 mm, Breite 42 mm, Spindelbreite 13 mm, Abstand vom Knie bis zur Spindel 9 mm, Hinterrand der Gelenkfläche 6,5 mm.

Illaenus tauricornis Kut. kommt im unteren Echinosphaeritenkalk mit Thoneisensteinlinsen — C1a — vor. Die Heimat unserer ost- und westpreussischen Stücke ist Estland.

Der von Steinhardt[1]) beschriebene Illaenus Eichwaldi ist ganz unzweifelhaft ein Illaenus tauricornis von etwas längerer Kopfform. Die anderen für Ill. tauricornis angegebenen Merkmale treffen vollständig für das Steinhardtsche Original (ebenfalls aus dem unteren Echinosphaeritenkalk) zu.

---

1) cf. Steinhardt: Pr. Trilobiten pag. 49. Taf. IV. Fig. 7.

Illaenus revaliensis Holm. Taf. III. Fig. 14. 15. 15a.

1874. Illaenus Wahlenbergi Eichwald in Steinhardt: Preuss. Tril. pag. 45. Taf. III.
Fig. 11a—d.
1886. Illaenus revaliensis Holm. in Fr. Schmidt: Rev. III. Illaeniden pag. 87.
Tat. II. Fig. 1—9.

Der Kopf ist stark gewölbt, die Glabella in der Mittellinie schwach gekielt und hoch über die stark nach aussen abfallenden festen Wangen gewölbt. Die Rückenfurchen sind lang, zuerst schwach konvergierend, um dann etwa vom Vorderende des Augendeckels ab, ebenso zu divergieren. Die Augendeckel sind mässig gross und stehen etwa um die Hälfte ihrer Länge vom Hinterrande ab, ihr Abstand von den Rückenfurchen kommt ungefähr der halben Glabellabreite gleich. Die Gesichtsnaht hinter dem Auge ist fast gerade nach hinten gerichtet. Eine schlecht erhaltene freie Wange war flach gewölbt, länger als hoch, mit ausgeschweiftem Hinter- und Aussenrande und kurz gerundeter Hinterecke.

Der Leib ist zehngliedrig mit hochgewölbter Spindel, die etwa eineinhalb mal so breit ist, als die Seitenteile. Die Pleuren sind scharf gekniet, ihr äusserer Teil ist bedeutend breiter, als der innere.

Das Schwanzschild ist flach gewölbt, lang, von halbelliptischem Umriss. Die Spindel nimmt vorne ein Drittel der Schildbreite ein, sie ist stark gewölbt, und fast bis zur Spitze durch die stark convergierenden Rückenfurchen deutlich begrenzt. Hinter der Spindel ist ein flacher Längskiel zu unterscheiden. Die Gelenkfläche ist schwach nach unten gebogen, ihr Hinterrand wenig grösser als der Abstand vom Knie bis zur Spindel. Der Umschlag nimmt nach hinten an Breite zu, läuft hier in eine stumpfwinklige Spitze aus und trägt eine schmale Mittelfurche. Die Schalenverzierung besteht ausser sehr feinen, dichten, eingestochenen Punkten, aus feinen wellenförmigen Terassenlinien, die namentlich am Vorderteile des Kopfschildes, auf dem Kopfumschlage und dem Schnauzenschilde deutlicher sind. Die Leibesspindel und die äusseren Pleurenteile zeigen ebenfalls kräftigere Terassenlinien. Auf dem Schwanzschilde sind die Terassenlinien sehr fein und dicht gestellt; sie sind dem Aussenrande parallel angeordnet, jedoch so, dass die Spindel mit ihrer nächsten Umgebung von ihnen freibleibt. (Die Figur 14 zeigt sie zu grob.)

Maasse: Kopf: Länge 28 mm, Breite des Mittelschildes 30 mm, Glabellabreite (hinten) 17 mm. Schwanzschild: Länge 24 mm, Breite 36 mm, Spindelbreite 9,5 mm.

Ill. revaliensis gehört nach Holm[1]) dem Vaginatenkalke Ba an, und ist in anstehendem Gestein bisher nur in Estland gefunden. In Ostpreussen ist diese Art bei Königsberg und Pr. Holland in schmutzig graugrünem Gestein mit kleinen Thoneisensteinlinsen gefunden worden.

Illaenus Schmidti Nieszkowski. Taf. III. Fig. 6. 7.

1857. Illaenus Schmidti Nieszkowski: Monographie d. Trilob. pag. 580. Taf. I.
Fig. 10. 11. 12.
1857. Illaenus centrotus Nieszkowski: ibid. pag. 582.

---

1) cf. Holm in Fr. Schmidt Rev. III. pag. 92.

1860. Illaenus Parkinsoni Eichwald: Lethaea rossica pag. 1478. Taf. LIV. Fig. 2a—b.
1860. Illaenus Davisi Eichw.: ibidem pag. 1479.
1874. Illaenus Schmidti Nieszkowski in Steinhardt: Pr. Trilobiten. pag. 46. Taf. II. Fig. 1a—e. Taf. III. Fig. 13.
1883. Illaenus capricornis. Holm: Svenska arterna pag. 96.
1886. Illaenus Schmidti Holm in Fr. Schmidt: Rev. III. Illaeniden pag. 107. Taf. V.

Mir lagen nur Bruchstücke von Kopf- und Schwanzschildern in Kernversteinerungen vor. Das einzige vollständige ostpreussische Geschiebeexemplar, das Steinhardt in seiner Arbeit Taf. VI. Fig. 1a—e abbildet, gehört der Sammlung des Herrn Mascke in Göttingen an, und ist mir leider nicht zugänglich gewesen.

In der Beschreibung dieser Art nehme ich daher zum Teil Rücksicht auf die betreffenden Steinhardtschen Abbildungen.

Der stark gewölbte Kopf ist von parabolischem Umriss. Die Rückenfurchen sind tief, sie convergieren fast in ihrer ganzen Länge und erreichen ein Drittel der Länge des Kopfes. Die Glabella ist schwach gewölbt. Die festen Wangen fallen nach vorn, hinten und aussen gleichmässig ab. Die sehr grossen stark aus dem Mittelschilde hervorragenden Augendeckel stehen nahe am Hinterrande, ein Viertel bis ein Drittel ihrer eigenen Länge von diesem entfernt; der Abstand der Augen von den Rückenfurchen beträgt etwa ein Drittel der Glabellabreite. Die Gesichtsnähte hinter den Augen sind ziemlich stark nach aussen gerichtet. Die Form der freien Wangen wechselt stark, da die Hinterecken kurz gerundet, bis in kurze spitzige Ecken ausgezogen sein können.

Der Leib besteht aus 10 Ringeln.[1]) Die hochgewölbte Spindel verschmälert sich nach hinten zu recht stark. Der äussere Pleurenteil ist erheblich breiter als der innere.

Das Schwanzschild ist parabolisch (Länge zu Breite etwa = 3 : 5), schwach gewölbt. Die Spindel ist kurz, hinter ihr liegt in der Längsrichtung bei unseren Geschiebeexemplaren fast stets ein ziemlich deutlicher Kiel. Der Hinterrand der nicht sehr grossen Gelenkfläche ist ungefähr gleich der Entfernung von der Spindel bis zum Knie.

Die Oberfläche, namentlich am Kopfschilde ist mit dichtgestellten eingestochenen Punkten besetzt. Am Vorderrande des Kopfschildes kommen einige grobe Terrassenlinien vor. Die Glabella trägt nahe dem Hinterrande ein kleines spitziges Höckerchen.

Maasse: Kopf: Länge 40 mm, Breite vorn 46 mm, zwischen den Augen 50 mm. Glabellabreite hinten 25 mm, zwischen den Augen 20,5 mm. Schwanzschild: Länge 25 mm, Breite 44 mm. Spindelbreite 15 mm.

Ill. Schmidti ist in Ost- und Westpreussen in Geschieben vom Alter des oberen Echinosphaeritenkalkes — C_{11}. — aus Estland gefunden worden.

Illaenus oblongatus Angelin. Taf. II. Fig. 39 (37 a. b?)

1854 (1872) Rhodope? oblongata Angelin: Pal. Scand. pag. 41. Taf. XXIV. Fig. 3. 3a.
1886 Illaenus oblongatus Holm in Fr. Schmidt: Rev. III. Illaeniden pag. 116. Taf. VIII. Fig. 1—13.

---
1) cf. Steinhardt: l. c. pag. 46. Taf. VI. Fig. I.

Mit Sicherheit kann ich dieser Art nur einige kleinere Schwanzschilder zuzählen, die mit Illaenus tauricornis Kut. zusammen im Linsengestein des Echinosphaeritenkalkes gefunden sind.

Das Schwanzschild ist langgestreckt, halbelliptisch, flach gewölbt. Die Spindel ist kegelförmig, bis zur Spitze deutlich begrenzt; sie ist kräftig gewölbt und nimmt ein Drittel der vorderen Schildbreite ein. Der Umschlag ist nach hinten sehr stark verbreitert, ganzrandig; eine flache aber deutliche Mittelfurche und eine herzförmige flache Einsenkung habe ich bei mehreren Stücken beobachten können (vergl. Ill. oblongatus forma excellens Holm: Rev. III. pag. 119).

Sowohl in Ost- als Westpreussen gefunden. Heimat: Estland.

Ob das Kopfschild — Taf. II Fig. 37a. b. c. — zu dieser Art gehört, kann ich nicht mit Sicherheit feststellen. Es ist stark gewölbt, wie die von Holm erwähnten estnischen Stücke, doch ist die Glabella bei dem vorliegenden Stücke schmäler, und die Gesichtsnaht hinter dem Auge etwas stärker nach aussen gerichtet, als bei den typischen Stücken Holms. Das Gestein des eben angeführten Kopfschildes ist ein harter, heller, dichter Kalk aus Ostpreussen.

Illaenus angustifrons Holm. Taf. III. Fig. 12. 12a.
(Forma typica Holm.)

1861. Illaenus crassicauda. F. Roemer: Sadewitz. Diluv. Gesch. pag. 70. Taf. VIII. Fig. 3.
1886. Illaenus angustifrons Holm. — Forma typica — Holm in Fr. Schmidt: Rev. III. pag. 131. Taf. IX. Fig. 1—3.

Der Kopf ist schwach gewölbt. Sein Umriss ist nach dem vorliegenden Mittelschilde stumpf, halboval. Die Glabella ist hoch gewölbt und zwischen den Augen stark eingeschnürt. Die scharfen Rückenfurchen erreichen die halbe Länge des Kopfschildes; an der Einschnürungsstelle der Glabella bilden sie ein Knie in Form eines stumpfen Winkels und sind hier besonders tief. Die festen Wangen fallen nach hinten und aussen ziemlich kräftig ab; hinter den Augen sind sie sehr schmal, da hier die Rückenfurchen stark nach aussen gerichtet sind. Die Augendeckel sind etwa doppelt so lang als der Abstand der Augen vom Hinterrande. Die Entfernung der Augen von den Rückenfurchen kommt der halben Breite der Glabella zwischen den Augen gleich. Die Gesichtsnähte sind hinter den Augen gerade, nach aussen gerichtet, vor den Augen sind sie stark Sförmig gebogen. Die freien Wangen sind nach Holm[1]) lang, nach vorn stark verschmälert, mit abgerundeter scharfer Hinterecke.

Der Leib besteht aus 10 Gliedern.[1])
Der vordere Teil des Kopfes ist mit langen, dichten, feinen Terrassenlinien verziert, zwischen die feine, nur durch die Lupe sichtbare Pünktchen eingestochen sind.

Maasse des Kopfes: Länge 21 mm. Breite des Mittelschildes 23 mm. Glabellabreite: hinten 15 mm, zwischen den Augen 11 mm.

Die Stammform des Ill. angustifrons gehört der Lyckholmer Schicht Estlands an. Die Heimat unseres in Ostpreussen gefundenen Exemplars (Taf. III. Fig. 12) ist also Estland.

1) u. 2) cf. Holm in Fr. Schmidt: Rev. III. Illaeniden pag. 131.

Illaenus Roemeri Volb. Taf. III. Fig. 16.

1861. Illaenus grandis Römer: Sadew. Dil. Geschiebe. pag. 69. Taf. VIII. Fig. 4.
1864. Illaenus Roemeri Volborth: Neue estl. Illaenen. pag. 7. Taf. II. Fig. 12—15.
1874. Illaenus crassicauda var. Steinhardt: Preuss. Trilobiten, pag. 43 (z. T.) Taf. III. Fig. 14.
1883. Illaenus vivax Holm: Svenska Arterna pag. 74. Taf. VI. Fig. 1—7.
1886. Illaenus Römeri Holm. in Fr. Schmidt. Rev. III. Illaeniden. pag. 125. Taf. IX. Fig. 4—14.

Das von Steinhardt — Taf. III. Fig. 14a, b, c. — als Illaenus crassicauda var. abgebildete Schwanzschild muss ich seiner äusseren Gestalt und der Form seines Umschlages wegen zu Ill. Roemeri zählen.

Das Schwanzschild ist beinahe halbkreisförmig, gleichmässig, nicht zu stark gewölbt. Die breite Spindel ist fast bis zur Spitze deutlich durch die flachen stark convergierenden Rückenfurchen begrenzt. Die Spindelbreite beträgt am Vorderrande über ⅓ der ganzen Schildbreite. Die Gelenkfläche ist sanft nach unten gebogen, ihr Hinterrand weniger als doppelt so gross wie der Abstand vom Knie bis zur Spindel. Die Furche hinter dem Knie ist breit. Besonders charakteristisch für Ill. Roemeri ist der schmale, stark rinnenförmige Umschlag, der nach hinten an Breite nicht zunimmt.

Maasse: Länge 31 mm, Breite 43 mm, vordere Spindelbreite 18 mm.

Ill. Roemeri ist nahe verwandt mit dem Ill. jevensis Holm. von dem er sich namentlich durch eine breitere Glabella, grösseren Abstand der Augen vom Hinterrande und durch den nach hintenzu nicht verbreiterten Umschlag des Schwanzschildes unterscheidet.

Ill. Roemeri kommt in der Lyckholmer Zone Estlands und im Leptaenakalk Schwedens vor. Das mir vorliegende Schwanzschild befindet sich in einem harten, feinkörnigen graue Kalke aus Ostpreussen.

Illaenus comes. n. sp. Taf. III. Fig. 19.

Zusammen mit Illaenus jevensis wurden in einem Geschiebe bei Spittelpark (Königsberg) mehrere kleine Kopfmittelschilder und Schwanzschilder gefunden, die dem Ill. jevensis sehr nahe verwandt scheinen.

Das Kopfschild ist in allen Richtungen gleichmässig und kräftig gewölbt. Die Augen stehen näher am Hinterrande als bei Ill. jevensis, und die Gesichtsnähte hinter denselben sind stärker nach aussen gerichtet als bei dieser Art. Die Glabella trägt einen schwachen aber deutlichen Kiel.

Das Schwanzschild, wenig kleiner als der Kopf, stimmt in seiner Form und im Verhältnis seiner Maasse vollkommen mit dem von Illaenus jevensis überein, doch scheinen mir die Andeutungen der Rippen auf den Seitenteilen (bis je 3 an der Zahl) bei Illaenus comes kräftiger zu sein.

Maasse des Kopfes: Länge 9,5 m. Breite des Mittelschildes: ca. 11 mm. Breite der Glabella am Hinterrande: 6 mm.

Da Ill. comes mit Ill. jevensis zusammen gefunden worden ist, gehört er der Jeweschen Schicht an; seine Heimat müsste in Estland oder in benachbarten Gebieten zu suchen sein.

Illaenus Vanhoeffeni. n. sp. Taf. III. Fig. 17. 17a.

Mehrere kleine Kopfmittelschilder aus der Sammlung des Herrn Dr. Vanhoeffen (Wehlau) zeigten eine von allen anderen Ulaeniden abweichende Ausbildung, durch die ich zur Aufstellung einer neuen Art veranlasst wurde. — Der Kopf ist ziemlich langgestreckt, in seinem hinteren Teile flach, vorn stark gewölbt, und zwar so, dass der Vorderrand des Kopfmittelschildes unten ziemlich weit nach hinten zurückgeschlagen ist. Die Glabella bildet mit den festen Wangen einen gleichmässigen flachen Bogen; sie verschmälert sich nach vorne ziemlich stark. Die scharfen rinnenförmigen Rückenfurchen convergieren etwa bis zum Vorderende des Augendeckels und biegen dann plötzlich noch eine ganz kurze Strecke nach aussen um. Die Augendeckel bilden lange flache Bogen, sie ragen wenig vom Mittelschilde vor und liegen ziemlich nahe am Hinterrande; ihr Abstand von den Rückenfurchen ist etwa = $^3/_4$ der Glabellabreite. Die Gesichtsnaht hinter dem Auge ist schwach nach aussen gerichtet.

Maasse: Länge (Projektion) 10 mm, Breite des Mittelschildes vorn 9,5 mm, zwischen den Augen 11,5 mm, Glabellabreite hinten 7 mm, an der schmalsten Stelle 4,5 mm.

Die Stücke — es lagen mir nur Mittelschilder des Kopfes vor — sind in einem dichten, feinkörnigen, granlichen Kalkstein gefunden, der dem der Jeweschen Schicht sehr ähnelt. Fundort: Wehlau, Ostpreussen.

Der stark nach unten gebogene vordere Teil des Kopfschildes, sowie die zuerst so stark convergierenden Rückenfurchen lassen auf eine Verwandtschaft des Ill. Vanhoeffeni mit Ill. angustifrons schliessen.

Illaenus bisulcatus n. sp. Taf. III. Fig. 18.

Mehrere Kopfmittelschilder zeigten eine gleiche Ausbildung, die sie deutlich von den anderen Illaeniden schied: Der Kopf ist in der Längsrichtung stark gewölbt; sein vorderer Teil ist fast gerade nach unten geboten, so dass der Kopf von oben gesehen sehr kurz erscheint. Der Vorderrand bildet einen flachen Bogen; er ist gerundet, ohne Falzlinie. Die Glabella und die festen Wangen bilden einen sehr flachen Bogen, da die Augendeckel fast die Glabellahöhe erreichen. Der vordere Teil der Glabella zeigt das der Art charakteristische Merkmal: zwei, durch einen flachen Wulst getrennte, flache Längsfurchen, die mich bestimmten, die Art Ill. bisulcatus zu nennen. Hinter den ziemlich grossen Augendeckeln fallen die festen Wangen stark ab; die Gesichtsnähte sind hier weit nach aussen gerichtet, so dass die festen Wangen in lange feine Spitzen auslaufen.

Maasse des Kopfes: Länge (Projection) 14 mm, (nach der Krümmung) 22 mm. Glabellabreite: hinten 13 mm, vorn 11 mm, Augendeckellänge 6 mm. Abstand des Auges vom Hinterrande 1,5 mm, von der Rückenfurche 7 mm (also mehr als die halbe Glabellabreite).

Fundorte: Wehlau, Königsberg, Westpreussen.

Das Gestein ähnelt dem Echinosphaeritenkalk Estlands.

Illaenus sp. cf. Dalmanni Volb. (Holm). Taf. II. Fig. 36. 36a.

1874. Illaenus crassicauda form. typ. s. Dalmanni Steinhardt: Preuss. Trilobiten. pag. 42. Taf. III. Fig. 12 a b c.
(1886. Illaenus Dalmanni Volb. in Holm: Illaeniden [Fr. Schmidt Rev. III.] pag. 93.)

Die vorliegende von Steinhardt als Illaenus crassicauda form. typ. s. Dalmanni beschriebene Art steht dem Illaenus Dalmanni Volb in Bezug auf die starke Wölbung des Kopfschildes in der Längsrichtung und die Form der freien Wangen [vergl. die Furche am Grunde der Sehfläche! —] sehr nahe, unterscheidet sich aber von ihm durch die viel kürzeren Rückenfurchen und den grösseren Abstand der Augen vom Hinterrande.

Der Leib ist zehngliedrig: die Spindel breit, nicht sehr hochgewölbt. Das Gestein ist ein dunkelgrauer harter Kalk aus Ostpreussen.

Steinhardt giebt zu seiner Art noch die Beschreibung und Abbildung zweier Schwanzschilder. Auf das von mir — Taf. III. Fig. 24 — abgebildete Schwanzschild passt Steinhardts Beschreibung sehr gut, weniger stimmen seine Abbildungen.[1]) Das Schwanzschild ist stark gewölbt, sein Aussenrand ist fast senkrecht heruntergebogen. Die Spindel ist kurz, durch tiefe Rückenfurchen begrenzt. Der Umschlag nimmt nach hinten stark an Breite zu, er ist rinnenförmig gehöhlt, mit einer deutlichen Mittelfurche versehen. Die Oberfläche des Schwanzschildes ist fein punktiert. Jedenfalls ist dieses Schwanzschild auch der vorliegenden Art zuzuzählen.

Es stammt ebenfalls aus Ostpreussen und liegt in einem ganz ähnlichen Gestein wie das auf Taf. III. Fig. 36 abgebildete Stück. Das Gestein ist von ähnlicher Beschaffenheit, wie einzelne dunklere Varietäten des typischen estländischen Echinosphaeritenkalkes.

Illaenus Masckei Holm.

1885. Illaenus Masckei Holm in Fr. Schmidt. Rev. III. Illaeniden p. 139. Taf. XII. Fig. 1—5.

Holm beschreibt am angef. Orte eine neue Illaenusart, von der ihm das einzige vollständige Stück aus der Mascke'schen Sammlung, die mir nicht zugänglich war, als ostpreussisches Geschiebe vorlag. Ich gebe hier einen kurzen Auszug der Holm'schen Beschreibung:

Der ganze Körper ist sehr flach, niedrig gewölbt.

Die Glabella des niedrigen Kopfes ist flach, lang. Die Rückenfurchen bilden zwischen den Augen je ein stumpfes nach innen gewendetes Knie.

Der Abstand des Auges von der Rückenfurche ist gleich der Glabellabreite. Die Gesichtsnaht hinter dem Auge geht stark nach aussen. Die Hinterecken der freien Wangen sind spitz.

Der Leib ist 10gliederig. Die Pleurenenden sind sensenartig zugespitzt.

Das Schwanzschild ist sehr flach, halbelliptisch, von einem breiten Randsaum umgeben. Die Spindel ist flach, kurz. Der fast ganz ebene Umschlag nimmt nach hinten stark an Breite zu.

Ill. Masckei gehört der Lyckholmer Schicht Estlands an.

Taf. III. Fig. 1 und 3 bei Holm sind die von Mascke bei Königsberg gefundenen Geschiebeexemplare.

---

1) cf. Steinhardt l. c. Taf. V. Fig. 11. 12.

Illaenus Linnarssoni Holm. Taf. III. Fig. 13. (Taf. III. Fig. 23?).

1860. Illaenus Rudolphi Eichwald: Lethaea rossica. I. 2. pag. 1482. Taf. LIII. Fig. 6a—c.
1883. Illaenus Linnarssoni Holm: Svenska Arterna: pag. 103. Taf. IV. Fig. 13—27. Taf. V. Fig. 1—8.
1884. Illaenus Linnarssoni Kiesow: Sil.- und Devon-Gesch. Westpr. pag. 83.
1886. Illaenus Linnarssoni Holm in Fr. Schmidt: Rev. III. Illaeniden pag. 146. Taf. X. Fig. 14—23.

Mit Sicherheit kann ich nur den Steinkern eines Schwanzschildes aus hartem, grauem, kieseligem Kalke dieser Art zuzählen. Sein Umriss bildet den breiteren Teil einer stumpf-eiförmigen Figur. Der Aussenteil des Schwanzschildes ist stark nach unten gebogen. Die breite Spindel ist nur am Vorderrande deutlich begrenzt, da die Rückenfurchen in ihrem weiteren Verlaufe ganz schwach sind. Der gerade Teil des Vorderrandes ist kurz, kaum $^1/_3$ der Spindelbreite und wenig über $^1/_3$ des Hinterrandes der Gelenkfläche. Der Umschlag ist schmal, in der Mittellinie zu einer kurzen Spitze ausgezogen, im übrigen schwach rinnenförmig gehöhlt, mit wenigen Terrassenlinien. Die ganze Oberfläche ist dicht mit eingestochenen Punkten verziert.

Maasse des Schwanzschildes: Länge 20 mm. Breite 30 mm. Spindelbreite 11,5 mm. Länge des geraden Vorderrandes 3,5 mm, des Hinterrandes der Gelenkfläche 9 mm.

Fundort: Ostpreussen (Umgegend von Königsberg) aus Lyckholmer Kalk. Westpreussen: aus Backsteinkalk (nach Kiesow).

Anstehend ist Ill. Linnarssoni aus Schweden, wie aus Estland bekannt. Das abgebildete Schwanzschild gehört der typischen Form, die nur in der Lyckholmor Schicht vorkommt, an; die ältere Form aus der Jeweschen Schicht hat einen nach hinten zu verbreiterten Umschlag mit 2—3 stumpfen Zähnen.[1] Das auf Taf. III. Fig. 23 abgebildete Kopfschildbruchstück gehört möglicherweise Ill. Linnarssoni an. Die schwach convergierenden Rückenfurchen und die nach unten ziemlich kräftig gebogenen Wangen sprechen dafür. Leider fehlen die Augendeckel und der Verlauf der Gesichtsnaht, die nach Holm[2] hinter dem Auge knieförmig gebogen sein soll. Auf der Glabella ist ein schwacher Längskiel zu bemerken, die Oberfläche ist mit eingestochenen Punkten bedeckt. — Fundort: Wohlau in Ostpreussen, in einem dichten roten Kalkstein von der Beschaffenheit des Wesenberger Kalkes.

Illaenus Linnarssoni Holm hat 9 Leibesringe.[3]

Illaenus nuculus n. sp. Taf. VI. Fig. 34.

1874. Illaenus crassicauda var. Steinhardt: Preuss. Trilobiten pag. 43. Taf. IV. Fig. 3.

In einem bräunlichen, grobkörnigen, mit vielen Quarzkörnchen durchsetzten Gestein fand sich das Taf. VI. Fig. 34 abgebildete Schwanzschild. Es ist gleichmässig, kräftig gewölbt, von halbovalem Umriss. Die Spindel ist besonders hoch gewölbt, nach hinten nicht verschmälert; sie geht allmählich in die Wölbung des

---
1) cf. Holm: Illaeniden pag. 150. Taf. X. Fig. 10d u. 13.
2) Holm. Illaeniden pag. 149.
3) Holm. Illaeniden pag. 150.

Schwanzschildes über. Die Rückenfurchen sind nur vorne deutlich und tief ausgebildet. Die Gelenkfläche ist lang aber ganz schmal, ihr Hinterrand bedeutend grösser als der Abstand vom Knie zur Spindel. Hinter der Spindel liegt ein schmaler scharfer Kiel. Der Umschlag scheint nach dem Durchschimmern durch die Schale ausserordentlich breit zu sein. Die Oberfläche ist nur mit eingestocheuen, sehr dicht gestellten Punkten bedeckt.

Maasse: Länge 9 mm. Breite 15 mm. Spindelbreite 4,5 mm.

Fundort: Ostpreussen — ohne nähere Angabe des Ortes.

Illaenus nuculus scheint nahe verwandt mit Illaenus Bowmani Salter[1]) zu sein, von dem das Schwanzschild sich nur durch stärkere Wölbung und den feinen Kiel unterscheidet. Gehört Illaenus nuculus hierher, so haben wir in ihm vielleicht eine neungliederige Form vor uns. Die Steinhardtsche Bestimmung als Illaenus crassicauda ist irrig, da einmal bei Ill. crassicauda die Schwanzspindel sehr stark nach hinten verschmälert ist, und dann ist der Ausseuteil des Schwanzschildes bei Illaenus crassicauda stark nach unten gebrochen, nicht so gleichmässig abfallend, wie bei der vorliegenden Form. Die typische Form des Illaenus crassicauda Wahlberg fehlt in unseren Geschieben.

B. Augenlose.
Illaenus caecus Holm. Taf. III. Fig. 21. 21a.

1886. Illaenus caecus Holm in Fr. Schmidt: Rev. III. Illaeniden pag. 162. Taf. XI. Fig. 11a—d.

Der Kopf ist kurz kuglig aufgeblasen. Die Glabella ist kurz, nimmt etwa ein Drittel der Kopfbreite ein. Die nach vorn venig convergierenden Rückenfurchen sind nicht tief. Die festen Waugen fallen von den Rückenfurchen in starker Wölbung ab. Die Gesichtsnähte bilden, von der Mitte des Hinterrandes ausgehend, knieförmig nach aussen gerichtete Bogen bis zur Mitte des Seitenrandes. Der Vorderrand des Kopfes, der nach Holm[2]) eine Falzlinie tragen soll, ist nicht erhalten; ebenso fehlt der Leib und das Schwanzschild. Die Schale ist, so weit sie erhalten, mit sehr feinen Terrassenlinien bedeckt.

Fundort: Belschwitz in Westpreussen; in hellgrauem Kalk, aus der Lyckholmer Schicht. Heimat: Estland.

II. Untergattung Bumastus Murchison.
Illaenus (Bumastus) barriensis Murchison. Taf. III. Fig. 26. 27.

1843. Illaenus (Bum.) Barriensis. Burmeister. Org. d. Trilob. pag. 120.
1867. Bumastus Barriensis Murchison. Siluria pag. 116.
1885. Illaenus bariensis Lindström. Förteckning. pag. 82.
1886. Illaenus barriensis Holm. in Fr. Schmidt Rev. III Illaeniden pag. 164. Taf. XI. Fig. 12—16.

Der Kopf ist in der Querrichtung stärker gewölbt, als in der Längsrichtung. Der Vorderrand bildet einen kräftigen Bogen ohne Falzlinie. Die stark gegen ein-

---

1) cf. Salter: A. Monograph. pag. 185. Taf. XXVIII. Fig. 6—13. Taf. XXX. Fig. 6.
2) cf. Holm in Fr. Schmidt. Rev. III. Illaeniden pag. 162.

ander gewölbten Rückenfurchen schnüren die festen Wangen fast vollständig vom Mittelschilde ab. Die Augendeckplatten sind gross, flach, nahe am Hinterrande stehend. Das Schwanzschild ist nur wenig breiter als lang und ganz gleichmässig gewölbt, ohne Randsaum. Die Oberfläche ist mit sehr feinen Terrassenlinien verziert.

Illaenus (Bum.) barriensis kommt sowohl in Estland (Oesel und Moon)[1] als auf Gotland vor. Die auf Taf. III. Fig. 26, 27 abgebildeten Stücke stammen aus hellem Korallenkalk, der dem der Insel Gotland (Lindströms Zone f) entspricht. Ein anderes Stück lag in einem mergeligen Kalke, vom Alter der unteren Oeselschen Schicht J aus Estland.

Fundorte: Ostpreussen: Königsberg, Wehlau; Westpreussen: Rosenberg.

Illaenus (Bumastus), sulcatus Lindström. Taf. III. Fig. 28. 28a, b. 29.

1874. Bumastus sp. c. Steinhardt. pag. 84. Taf. IV. Fig. 8a, b.
1883. Illaenus insignis Holm: Svenska arterna pag. 127.
1885. Illaenus sulcatus Lindström: Förteckning pag. 84. Taf. XII. Fig. 12.

Der Umriss des Kopfes ist parabolisch, der Vorderrand gerundet, ohne Falzlinie. Die stark nach innen gebogenen Rückenfurchen gehen weit nach vorne und endigen in kleinen rundlichen Grübchen. Zwischen den Augen werden die Rückenfurchen etwas tiefer und bilden auf dem Steinkern kleine linsenförmige Eindrücke. Die Augen stehen weiter vom Hinterrande ab als bei Illaenus barriensis, doch bei dem mir vorliegenden Stücke nicht so weit als auf der von Lindström[2] gegebenen Abbildung. Die Gesichtsnaht hinter dem Auge geht in schwachem Bogen nach aussen. Das Bruchstück einer freien Wange (Taf. III. 28b) zeigt die zugeschärfte Hinterecke und eine kräftige Furche am Grunde des Auges.

Mit dem Bruchstücke eines vollständig übereinstimmenden Kopfschildes wurden bei Wehlau mehrere Schwanzschilder in einem Geschiebe gefunden, die ich dieser Art zuzähle: sie sind länglich schildförmig, nicht sehr stark gewölbt, von einem flachen Randsaume umgeben. Soweit die Schale erhalten ist, lässt sie feine Terrassenlinien erkennen, die quer über das ganze Schild gehen. Die Gelenkfläche ist ziemlich gross, ihr Hinterrand wulstig aufgeworfen. In dem hinteren Teile trägt das Schwanzschild die Andeutung eines Kieles. Der Umschlag ist schmal, nach hinten nicht verbreitert, schwach gehöhlt und mit wenigen Terrassenlinien verziert.

Fundorte: Wehlau, Ostpreussen. Belschwitz, Westpreussen.

Ill. (Bum.) sulcatus ist nur aus den obersten Gotländer Schichten (f—h Lindströms[3]) bekannt.

Die vorliegende Art steht dem Bumastus insignis Hall[4] sehr nahe, ist aber von ihm durch das Fehlen der Falzlinie am Vorderrande des Kopfes verschieden.

---

[1] cf. Holm in Fr. Schmidt Rev. III. Illaeniden pag. 169.
[2] cf. Lindström: Förteckning pag. 84. Holzschnitt.
[3] cf. Lindström: Ueber die Schichtenfolge des Silur auf d. Ins. Gotland. Neues Jahrb. 1888 pag. 160. 161 und Lindström: Förteckning pag. 85.
[4] cf. Salter: A Monograph. pag. 207. Taf. XXVII. Fig. 6. 7.

Illaenus (Bumastus) Holmi Lindström. Taf. III. Fig. 30.

1874. Bumastus sp. b. Steinhardt: Trilobiten pag. 54. Taf. VI. Fig. 8 a b.
1885. Bumastus Holmi. Lindström: Förteckning pag. 83. Taf. XVI. Fig. 16—20.

Mehrere Schwanzschilder aus den Sammlungen des Mineralienkabinets und des hiesigen Provinzial-Museums gehören dieser Art an.

Das Schwanzschild ist stark gewölbt, von einem schwachen Randsaum umgeben. Am mittleren, der Spindel entsprechenden, Teil des Vorderrandes verläuft eine schmale Rinne, die nach den Seiten hin in den Randsaum übergeht. Die Gelenkfläche ist ziemlich gross, mit gerundeter Ecke und wulstigem Hinterrande. Auf dem Steinkern tritt ein sehr schwacher Längskiel auf, in dessen Verlängerung sich auf dem Randsaum eine kurze schwache Einsenkung befindet. Die Schale ist glatt, nur in der Umgebung des Hinterrandes der Gelenkfläche finden sich feine Terrassenlinien, sonst ist die ganze Schale und auch der Steinkern mit ziemlich groben eingestochenen Punkten bedeckt.

Fundorte: Belschwitz in Westpreussen und Ostpreussen ohne nähere Ortsangabe.

Heimat: Gotland

Das Gestein ist zum Teil ein grobkrystalliner Kalk, dem Gotländischen Korallenkalk ähnelnd, zum Teil ein feinkörniger gelber Kalk.

Anhang:

1. Taf. III. Fig. 25: Eine sehr hohe freie Wange aus Jeveschem Gestein, welche sich besonders durch den stark gebuchteten Aussenrand auszeichnet. Die Oberfläche ist mit eingestochenen Punkten bedeckt. Fundort: Wehlau, Ostpreussen.

2. Taf. III. Fig. 20: Eine Glabella von Wehlau zeigt gewisse Anklänge an Ill. sulcifrons Holm; doch sind die Augenhöcker nicht über die Glabella vorgewölbt wie bei dieser Art, sondern liegen ein klein wenig tiefer. Echinosphaeritenkalk.

3. Taf. III. Fig. 22: Im Vaginatenkalk fand ich mehrfach kleine Schwanzschilder von der Form des auf Taf. III. Fig. 22 abgebildeten: sie sind etwa doppelt so breit als lang, flachgewölbt, mit kurzer Spindel und schwachem Kiel. Die Schale ist mit wenigen feinen, querverlaufenden Terrassenlinien verziert.

4. Taf. II. Fig. 38ab. Die angeführte Glabella erinnert etwas an das von Holm[1]) Taf. II. Fig. 6 abgebildete Exemplar von Illaenus Esmarki Schloth., doch lassen die breitere Glabella und die geringere Biegung des gefalzten Vorderrandes bei Ill. Esmarkii es zweifelhaft erscheinen, ob das vorliegende Stück der Art zuzuzählen ist.

XII. Fam. Asaphidae.

Gattung: **Asaphus** Brongniart (z. T.). Angelin.

1. Untergattung: **Ptychopyge Angelin.**

Asaphus (Ptychopyge) rimulosus Angelin. Taf. IV. Fig. 13.

1854 (78). Ptychopyge rimulosa Angelin: Pal. Scand. pag. 55. Taf. XXX. Fig. 2.
1884. Asaphus brachyrachis Remelé in Törnquist: Undersökn. om Siljansomrädets Trilobit fauna — pag. 67. Taf. III. Fig. 1.

---

1) cf. Holm: Svenska arterna af Trilobitsl. Illaenus. pag. 58.

Mehrere Schwanzschilder lagen mir vor: Sie sind etwas über einen Halbkreis ausgezogen, flachgewölbt, von einem sehr breiten flachen Randsaum umgeben. Die Spindel ist ziemlich kurz, bis zum Ende deutlich begrenzt; sie endigt in bedeutender Entfernung vor dem flachen Randsaume. 12—13 Spindelglieder sind durch erhabene in der Mitte etwas nach vorn vorgebogene Leistchen angedeutet. Auf den Seitenteilen treten 8—9 nicht sehr deutliche Rippen auf, welche ungefähr bis zum Randsaum zu verfolgen sind. Die Gelenkfläche ist sehr breit. Die Schale zeigt unregelmässige, quer über das Schwanzschild verlaufende leistenförmige Linien. Bei dem abgebildeten Exemplar treten auf der Schale nuregelmässig verstreute runde flache Höcker auf, die von einer schmalen Rinne umsäumt sind. Aehnliche Höcker fand ich auch bei einzelnen Stücken auf dem breiten mit Terrassenlinien verzierten Umschlage.

Maasse: Länge 60 mm, Breite 72 mm, Spindellänge 41 mm, Spindelbreite 18 mm.

Fundorte: Ost- und Westpreussen.

A. rimulosus ist nur aus dem oberen granen Orthocerenkalk Schwedens anstehend bekannt.

Das von Törnquist l. c. als A. brachyrachis Remelé beschriebene und abgebildete Schwanzschild gehört wohl ohne Zweifel zu A. rimulosus.

Asaphus (Ptychopyge) multicostatus Angelin.

1854 (78). Ptychopyge multicostata Angelin: Pal. Scand. pag. 55. Taf. XXX. Fig. 4.

In einem hellgrauen harten Kalk mit grossen Schwefelkieskrystallen liegt ein Abdruck des Schwanzschildes dieser Art. Die Spindel ist bis zu ihrer Mitte von zuerst stärker convergierenden, gegen das Ende hin fast parallel verlaufenden Rückenfurchen begrenzt; sie endigt abgestumpft und trägt etwa 15—16 Glieder. Auf den Seitenteilen sind elf deutlich begrenzte Pleuren zu erkennen, deren letzte ziemlich stark nach hinten gerichtet sind. Um das ganze Schild läuft ein flacher Randsaum.

Fundort: Ostpreussen, ohne nähere Angabe des Ortes.

Angelin erwähnt A. multicostatus aus Dalekarlien und Schonen; die Gesteinbeschaffenheit des vorliegenden Geschiebes lässt es fraglich erscheinen, ob diese Gebiete als die Heimat des betreffenden Stückes anzunehmen sind. In Estland ist die Art bisher nicht gefunden worden.

Asaphus (Ptychopyge) sp. Taf. V. Fig. 4.

Den Formen des Asaphus rimulosus und multicostatus steht das auf Taf. V. Fig. 4 abgebildete Schwanzschild nahe. Die Spindel ist zehngliederig, die Seitenteile tragen 8 Pleuren. Spindelglieder wie Pleuren sind ebenso wie bei a multicostatus deutlich abgesetzt.

Fundort: Umgegend von Königsberg, in hellgrauem, an Echinosphaeritenkalk erinnerndem Kalkstein.

Asaphus (Ptychopyge) tecticaudatus Steinhardt. Taf. IV. Fig. 10. 11.

1874. Asaphus tecticaudatus Steinhardt: Pr. Trilobiten pag. 26. Taf. II. Fig. 9. 10.
1848. Asaphus sp. Burmeister: „Neue Beobachtungen über die Organisation d. Trilob. in d'Alton u. Burm.: Zeit f. Zool. etc. pag. 80. Taf. I. Fig. 19.

Die erste Nachricht über diese wohl begrenzte Art finden wir bei Burmeister, welcher a. a. O. eine sehr genaue Beschreibung und Abbildung eines Schwanzschildes aus einem Geschiebe von Stettin giebt. Nach Burmeister hat erst Steinhardt wieder die Art aus preussischen Geschieben erwähnt, und nannte sie As. tecticaudatus wegen des fast dachförmigen Abfalls der Seitenteile des Schwanzschildes. Beiden, Burmeister wie Steinhardt, waren nur Schwanzschilder bekannt. Zum ersten Male kann ich jetzt das Kopfschild eines allerdings sehr schlecht erhaltenen vollständigen Exemplares beschreiben.

Der Umriss ist etwa halbkreisförmig. Die Hinterecken nicht, wie bei den bekannten skandinavischen Arten der Untergattung Ptychopyge, in Hörner ausgezogen, sondern kurz zugeschärft. Um das ganze Kopfschild läuft ein breiter flacher Randsaum, der auf den Wangen schwach gehöhlt ist. Die Gesichtsnähte stossen im Vorderrande in einem spitzen Winkel zusammen und umkreisen die flach gewölbte Glabella in ziemlich grosser Entfernung. Zwischen den Augen ist die Glabella sehr stark eingeschnürt und trägt hinter dieser ihrer schmalsten Stelle ein kleines spitziges Höckerchen; in ihrem vorderen Teile zeigt sie eine schwache kielartige Erhöhung. Die grösste Glabellabreite übertrifft den Abstand der Augen von einander um wenige mm. Die Nackenfurche und die etwa bis zur Mitte der Wangen gehenden Hinterrandfurchen sind nur flach angebildet.

Das Schwanzschild liegt mir in sehr vielen Bruchstücken vor. Es ist von parabolischem Umriss, wenig länger als breit, am Hinterrande schwach eingebuchtet. Die Spindel ist lang, flach gewölbt, bis zur Spitze ziemlich deutlich gegliedert. Die Grenzfurchen der 18—20 Spindelglieder setzen sich auf den Seitenteilen noch eine Strecke fort. Auf den Spindelringen verlaufen unregelmässige Querwülstchen, auf den vorderen je zwei, auf den hinteren je eines, welche die Rückenfurchen nicht erreichen. Die Seitenteile fallen von der Spindel in ungefähr dachförmiger Wölbung ab; sie sind von einer flachen Randfurche umgeben. Der Umschlag des Schwanzschildes zeigt die für die Untergattung Ptychopyge eigentümliche Breite, und ist mit dicht gestellten parallelen Terrassenlinien verziert.

Schalenverzierung: Auf dem Kopfschilde treten nur in der Nähe der Hinterecken neben feinen eingestochenen Punkten ganz feine kurze Terrassenlinien auf. Auf dem Schwanzschilde laufen vom Rande aus lange nach hinten und innen gewendete Terrassenlinien aus, welche sich allmählich mit den aus der Nähe der Rückenfurchen entspringenden feineren erhabenen leistenförmigen Linien vereinigen.

As. tecticaudatus ist nicht selten in Geschieben vom Alter des Echinosphaeritenkalkes in Ost- und Westpreussen. Anstehend ist die Art in Estland bei Reval gefunden worden.

Asaphus (Ptychopyge) undulatus Steinhardt. Taf. IV. Fig. 12.

1874. Asaphus undulatus Steinhardt: Pr. Trilobiten pag. 26. Taf. II. Fig. 12
1884. Asaphus cfr. undulatus Törnquist: Undersökn. öfver Siljansomradets Trilobitfauna pag. 69. Taf. II. Fig. 22.

Wie Steinhardt, so liegen auch mir nur Schwanzschilder dieser Art vor. Sie unterscheiden sich von denen des As. tecticaudatus einmal durch das Fehlen der Randfurche auf den Seitenteilen, und durch sehr undeutliche Gliederung der Spindel, wie der Seitenteile, und dann durch die Schalenverzierung. Die Spindel ist mit sehr feinen wellenförmigen Leistchen verziert, welche auf die Seitenteile übergehen und hier von der Spindel aus schräge nach oben und aussen verlaufen. Vom Aussenrande gehen etwas gröbere und längere leistenförmige Linien zu denen des mittleren Schildteiles hin. Der Hinterrand des Schwanzschildes ist wie bei der vorigen Art gebuchtet.

Fundorte: Ost- und Westpreussen.

As. undulatus ist in unseren Geschieben seltener als As. tecticaudatus. Das Gestein, in dem As. undulatus bisher gefunden ist, erinnert sehr an den oberen grauen Orthocerenkalk Schwedens, so dass dieses, oder Nachbargebiete des Ostseebeckens, die Heimat unserer Geschiebe wäre. Törnquist erwähnt seinen As. cfr. undulatus, der dem unsrigen fast vollkommen gleicht aus „Flagkalk" einer dicht über dem oberen grauen Orthocerenkalk liegenden Schicht.

Asaphus (Ptychopyge) cfr. aciculatus Angelin (Kiesow muscpt). Taf. V. Fig. 5.

[1854 (78). Ptychopyge aciculata Angelin: Pal. Scand. pag. 56. Taf. XXII. Fig. 4. 4a.]

Ein Schwanzschild aus der Sammlung des Herrn Dr. Kiesow zeigt grosse Aehnlichkeit mit der Ptychopyge aciculata Ang. Die Seitenteile lassen, soweit sie erhalten sind, die Teilung der Pleuren in ein breiteres vorderes und ein schmales hinteres Band deutlich erkennen. Die Spindel ist ziemlich stark verjüngt und zählt ungefähr 16 Glieder. Ueber die ganze Spindel laufen zwei convergierende flach rinnenförmige Eindrücke hin. Die Trennungsfurchen der einzelnen Spindelglieder sind nach aussen nicht so stark vertieft und erweitert, wie es die Figur Angelin für Pt. aciculata zeigt. Die Oberfläche ist mit feinen dichtgestellten Wellenlinien verziert.

Fundort: Spengaswken in Westpreussen.

As. cfr. aciculatus ist jedenfalls auf ein Schweden benachbartes Gebiet zurückzuführen. Aus dem estländischen Silur ist keine entsprechende Art bekannt.

2. Untergattung: Asaphus Brongniart s. str.

Asaphus oculosus n. sp. Taf. IV. Fig. 1. 2. 3. 4.

1860. Asaphus Weissi Eichwald: Lethaea rossica pag. 1452 (z. T.)
1874. Asaphus expansus Steinhardt: Pr. Trilobiten pag. 22. Taf. II. Fig. 1. 2. 5. 6. 7. 8.
1884. Asaphus Weissi Kiesow: Sil. u. Devon. Gesch. pag. 82.
Asaphus expansus Fr. Schmidt: mnscrpt.
1882. Asaphus expansus var. incerta Brögger: Sil. E. 2 u. 3. pag. 92.

In sehr zahlreichen Bruchstücken lag mir diese Art aus dem typischen oberen Linsengestein [Echinosphaeritenkalk C1a] vor. Steinhardt hat sie als As. expansus beschrieben. Ausser der vorzüglichen Beschreibung Brögger's[1]) standen mir noch mehrere Exemplare des echten As. expansus zu Gebote, so dass ich sehr bald zu der Ueberzeugung gelangte, dass die Bestimmung Steinhardts falsch ist. Brögger selbst nennt die Steinhardtsche Art As. expansus var. incerta. Unter den zahlreichen Stücken dieser Art aus der Sammlung des hiesigen Provinzial-Museums befinden sich einige, die mit der Bestimmung „As. expansus Fr. Schmidt" versehen sind, von ihnen gilt dasselbe, wie von Steinhardts Bestimmung. Herr Dr. Kiesow endlich bezeichnete einige Stücke, die ich ihm vorlegte, als seinem, aus westpreussischen Geschieben stammenden As. Weissi identisch.

Asaphus Weissi Eichwald umfasst aber, wie bereits Nieszkowski's[2]) nachgewiesen, mehrere Arten, den in unseren Geschieben häufigen As. oculosus,[3]) den mit sehr hohen, dünnen Augenstielen versehenen As. Kowalewski Lawrow[4]) und den As. cornutus Pand.[5]) Eichwald glaubt in der verschiedenen Ausbildung der Augenhöcker Geschlechtsunterschiede sehen zu dürfen, indem die Exemplare mit langen dünnen Stielen (= As. Kowalewski) Weibchen, und die mit kürzeren, dickeren Augenhöckern (= As. cornutus und As. oculosus) Männchen sein sollen. Es sind nun aber diese Unterschiede nicht als die der beiden Geschlechter, sondern als vollgiltige Artunterschiede aufzufassen. Wie erwiesen, sind unter dem Eichwaldschen Namen As. Weissi mehrere wohl unterschiedene Arten zusammengefasst, es ist daher unumgänglich notwendig, diesen Namen aufzugeben. Den von Brögger gewählten Namen As. expansus var. incerta möchte ich, obwohl recht bedeutende Aehnlichkeiten mit dem echten As. expansus vorhanden sind, um der eigentümlich ausgebildeten Augenhöcker willen mit dem Namen As. oculosus vertauschen, da in As. oculosus keine Varietät des As. expansus, sondern eine selbständige Art vorliegt. Zur besseren Unterscheidung von As. expansus stelle ich die Diagnose dieser und unserer Art neben einander:

As. expansus Linné.[6])

Das Kopfschild ist in der Längsaxe ziemlich kräftig gewölbt, sein Umriss ist ein gleichmässiger, nicht zu stark gewölbter Bogen. Die Hinterecken sind gerundet.

Die Augenhöcker ragen kaum über die Glabella hervor; die Sehfläche ist nicht deutlich abgesetzt.

As. oculosus n. sp.

Das Kopfschild ist in der Längsaxe sehr stark gewölbt, von parabolischem Umriss. Die Hinterecken sind scharf, oder ganz kurz gerundet, erheblich weiter ausgezogen als bei As. expansus.

Die Augenhöcker erheben sich weit über die Glabella, sie sind sehr kräftig ausgebildet. Die Sehfläche ist nach unten durch eine Zone eingestochener Punkte begrenzt, unterhalb welcher der Augenhöcker etwas eingeschnürt ist.

---

1) cf. W. C. Brögger: Sil. Et. 2 u. 3. — pag. 85. As. expansus.
2) cf. Nieszkowski: Zus. zur Monogr.-Archiv f. d. Naturk. Liv-, Est- und Kurlands. Ser. I. Band II. pag. 352.
3) cf. die Abbildung von Eichwald: Taf. LIV. Fig. 7 a b c.
4) cf. Verhandl. d. Mineral. Ges. zu St. Petersb. 1856. Tf. V. Fig. 1.
5) cf. Pander: Beitr. z. Geognosie d. russ. Reiches pag. 137. Taf. VII. Fig. 5.
6) Nach einem russischen Exemplar des hiesigen Mineralogischen Instituts.

Die Gesichtsnaht überschreitet den Hinterrandsaum der Axe ungefähr parallel gerichtet, den Vorderrand erreichen die beiden Aeste in einem sehr stumpfen, fast flachen Winkel.

Die Glabella ist doppelt eingeschnürt, einmal kurz vor den Augen, und dann durch sehr tiefe Gruben zwischen den Augen. Zum Vorderrande fällt sie in kräftiger Wölbung ab; sie ist ungekielt.

Die Gesichtsnaht überschreitet den Hinterrandsaum in stark nach aussen divergierender Richtung: der Verlauf vor den Augen wie bei As. expansus: sie ist auf den Augenhöckern sehr stark eingedrückt.

Die Einschnürung der Glabella wie bei As. expansus, nur sind die Gruben zwischen den Augen flacher. Nach vorn fällt die Glabella ganz steil ab: in ihrem vorderen Teile zeigt sie, namentlich auf Steinkernen, einen breiten flachen Kiel.

Die sehr hohen Augenhöcker, die mehr zugeschärften Hinterecken und die stärkere Wölbung der Glabella unterscheiden unsere Art so gut von As. expansus, dass ich glaube, in As. oculosus eine eigene Art und nicht nur eine Varietät des As. expansus sehen zu müssen.[1])

Die Form der 8 Leibesringe unterscheidet sich kaum von denen des As. expansus.

Das Schwanzschild ist ungefähr eineinhalb mal so lang als breit. Die Spindel ist bis zur Spitze deutlich begrenzt und lässt, namentlich auf Steinkernen 9—12 Glieder erkennen, die nach der Mitte zu undeutlicher werden. Die Gliederung der Seitenteile ist sehr undeutlich.

Die sehr dicke Schale ist überall mit gröberen, rissigen, kurzen Terrassenlinien bedeckt, die namentlich auf den Augenhöckern sehr dicht stehen, auf der Glabella laufen sie dem Umriss derselben parallel. Auf dem Schwanzschilde treten ausser einzelnen (4—5) von der Spindel schräg nach aussen und hinten gehenden längeren Linien kürzere dichter gestellte in der Nähe des Randes auf, welche in umgekehrter Richtung wie die ersten verlaufen.

As. oculosus ist häufig in Ost- und Westpreussen.

Das Gestein, graugrünlicher rotfleckiger Kalk mit grossen Thoneisensteinlinsen deutet auf Estland als Heimat hin.

Asaphus sp. Taf. IV. Fig. 7.

Ein bei Rosehnen, Ostpreussen, gefundenes Kopfschild zeigt in Bezug auf die Ausbildung seiner Augen nahe Beziehungen zu As. oculosus. Die Augenhöcker sind bedeutend über die Glabella emporgezogen, jedoch nicht so hoch, wie bei der vorigen Art. Die Sehfläche ist am Grunde von einer Zone eingestochener Punkte begrenzt. Der Vorderrand des Kopfschildes ist in eine kurze stumpfe Spitze ausgezogen, in welche die Gesichtsnähte einmünden. Die Hinterecken sind stärker nach hinten gezogen, wie bei As. oculosus, aber nicht scharf, sondern kurz gerundet. Die Glabella stürzt nach vorne steil ab; zwischen ihr und dem Vorderrande zieht sich ein schmaler, schräg gestellter Saum hin. Zwischen den Augen geht quer über die Glabella eine flache Vertiefung, in die zwei dicht neben einander stehende Gruben

---

1) Der echte Asaphus expansus Linné fehlt jedenfalls ganz in unseren Geschieben, wie er auch in Estland, der Heimat des grössten Teiles unserer Geschiebe, fehlt.

eingesenkt sind. Der Höcker zwischen den Augen ist niedrig und spitz, viel weniger deutlich wie bei As. oculosus. Die Schale der Glabella ist mit sehr feinen Terrassenlinien bedeckt, auf den Wangen sind nur dicht gestellte Pünktchen eingedrückt.

Fundort: Strand bei Rosehnen.

Das Gestein erinnert an Echinosphaeritenkalk.

Asaphus jevensis Fr. Schmidt mnscpt. Taf. IV. Fig. 5. 6.

Mehrere Glabellen und Bruchstücke von Schwanzschildern aus der Sammlung des hiesigen Provinzial-Museums zeigten die Aufschriften „Asaphus jevensis Fr. Schmidt;" von diesen Stücken gebe ich die Abbildung einer Glabella und eines Schwanzschildes (Abdruck), ohne auf die genaue Begrenzung der Art eingehen zu können, da Herr Akademiker Schmidt auf eine diesbezügliche Anfrage mitteilte, dass er selbst zur Zeit die Art As. jevensis noch nicht genügend charakterisieren könne.

Die Glabella ist birnförmig, kräftig gewölbt, zum Vorderrande ziemlich steil abfallend. Sie trägt in ihrem vorderen Teile einen deutlichen, aber nicht scharfen Längskiel und gegenüber der Vorderseite der Augenhöcker zwei Paar kurze Querwülstchen (auf den Steinkernen.) Die Rückenfurchen sind von den Augen ab tief, an der breitesten Stelle der Glabella mit einer rundlichen Einsenkung.

Die Schwanzschilder sind ungefähr halbkreisförmig, kräftig gewölbt. Die Spindel lässt auf den Steinkernen etwa 9 Ringel, auf den Seitenteilen 6—7 undeutlich begrenzte Pleuren erkennen. Die Gelenkfläche ist sehr breit, steil nach unten gebrochen. Die Furche von der Spindel bis zum Knie ist sehr tief.

Fundorte: Mehrfach in Ostpreussen in Geschieben vom Alter der Jeweschen Schicht gefunden; als Heimat ist Estland zu bezeichnen.

Asaphus Branconis n. sp. Taf. V. Fig. 3a.b.

In einem grossen Geschiebe, welches durch Strophomena tenuistriata Murch. als der Jeweschen Schicht gleichalterig bestimmt wurde, fand ich den auf Taf. V Fig. 3 abgebildeten Asaphiden. Der ganze Körper ist länglich eiförmig. Der Kopf ist etwa 1³/₄ mal so breit als lang, von parabolischem Umriss. Die Hinterecken fehlen, sie scheinen scharf gewesen zu sein. Der Vorderrand ist an den Seiten der Glabella ganz wenig eingebuchtet. Die Gesichtsnähte münden in sehr flachem Winkel in den Vorderrand. Die Glabella ist kräftig gewölbt, nach vorn steil abstürzend, schwach gekielt. Die Augen sind niedrig, ihre Sehfläche steigt direkt von den Wangen an und ist nach unten nur durch eine feine eingedrückte Linie begrenzt.

Die Rumpfspindel nimmt etwas mehr als $^1/_3$ der ganzen Breite ein. Der innere Teil der Rumpfpleuren ist sehr schmal.

Das Schwanzschild ist halbkreisförmig, mässig gewölbt. Die Spindel nimmt ungefähr $^1/_4$ der Breite und $^3/_4$ der Länge des Schwanzschildes ein. Eine Gliederung ist nur auf der Spindel durch 9, quer über dieselbe verlaufende leistenförmige Linien angedeutet. Die Seitenteile sind vollkommen ungegliedert.

Die Schale des ganzen Körpers ist mit feinen Terrassenlinien verziert.

Maasse: Kopf: Länge 7 mm, Breite 12 mm. Rumpf: Länge 8,5 mm, Breite 11 mm. Spindelbreite 4,5 mm. Schwanz: Länge 6 mm, Breite 10 mm, Spindelbreite 2,5 mm.

Fundort: Craussen bei Königsberg.

Durch das Zusammenvorkommen mit Strophomena tenuistriata wird Estland als die Heimat des As. Branconis bestimmt.

Asaphus Steinhardti n. sp. Taf. V. Fig. 1 a. b. c.

1874. Asaphus raniceps Steinhardt: Pr. Trilob. pag. 22. Taf. I. Fig. 11.

Das vorliegende Stück hat Steinhardt als As. raniceps Dalm. beschrieben und abgebildet; diese Bestimmung ist irrig, denn bei As. raniceps Dalm. fehlt der breite Saum vor der Glabella, welcher die vorliegende Form auszeichnet. Ebenso ist das von Steinhardt l. c. gegebene Synonym As. raniceps Nieszk.[1], welche Art nach einer Mitteilung Schmidt's gleich Ptychopyge globifrons Eichwald ist,[2] unrichtig. Von dieser Eichwaldschen Art unterscheidet sich die vorliegende durch die nach vorn gleichmässig verbreiterte kolbenförmige Glabella.[3]

Da ich die vorliegende Form mit keiner der bekannten Asaphidenarten vereinigen kann, nenne ich sie nach ihrem ersten Bearbeiter als neue Art As. Steinhardti.

Der Kopf ist fast halbkreisförmig, von einem flachen Saum umgeben. Die Hinterecken fehlen, sie waren wahrscheinlich spitz. Die Gesichtsnaht verläuft in einiger Entfernung von der Glabella: sie mündet in spitzem Winkel in den Vorderrand. Die Augen ragen wenig über die flache kolbenförmige Glabella hervor.

Die Spindel des achtgliedrigen Rumpfes nimmt ein Drittel der Breite ein, sie verschmälert sich allmählich nach hinten.

Das Schwanzschild ist breit parabolisch, mit aufgewölbtem Hinterrande. Die Spindel ist schmal, konisch, und trägt etwa elf undeutliche Glieder. Die Seitenteile sind mässig gewölbt, von einer flachen Randfurche umgeben; in der Nähe der Spindel zeigen sie Andeutungen von 4—5 Rippen.

Die Schale ist glatt, nur auf dem Schwauzschilde treten wellenförmige, von aussen schräg nach hinten und innen verlaufende Terrassenlinien auf.

Fundort: Ostproussen, ohne nähere Angabe.

Das Gestein ähnelt estländischem Echinosphaeritenkalk.

Asaphus cf. raniceps Dalman.[4]) Taf. VI. Fig. 10 a. b. 11.

[1828. As. expansus. var. β. raniceps Dalman: Palaeaden. pag. 83. Taf. III. Fig. 4.]

In den auf Taf. VI Fig. 10 a. b und 11 abgebildeten Stücken liegt eine dem echten As. raniceps sehr nahe stehende Form vor.

---

1) cf. Nieszkowski: Monographie, pag. 36.
2) cf. Eichwald: Lethaea rossica pag. 1471. Taf. LIII. Fig. 2.
3) Für Ptychopyge grobifrons giebt Eichwald l. c. zu: „le lobe frontal bombé est ronde;" die Eichwaldsche Figur zeigt auch den Vorderteil der Glabella in Form einer Kugelcalotte ausgebildet.
4) Der echte As. raniceps Dalm. fehlt in unseren Geschieben wahrscheinlich ebenso wie As. expansus.

Das Kopfschild ist kräftig gewölbt, vorn etwas vorgezogen, von einem schmalen schräge stehenden Randsaum umgeben. Die Glabella ist nach vorn sehr stark verbreitert; zwischen den Augen zeigt sie, wie As. expansus und As. raniceps, die doppelte Einschnürung. Die Gesichtsnähte münden in spitzem Winkel in den Vorderrand.

Das Schwanzschild ist ungefähr halbkreisförmig, (bei As. raniceps mehr parabolisch). Die Spindel trägt 7—8 Glieder; die Seitenteile sind vollkommen ungegliedert.

Häufig in Geschieben vom Alter des Echinosphaeritenkalkes in Ost- und Westpreussen gefunden.

Taf. VI. Fig. 7 zeigt das Hypostom einer zur Gruppe des As. raniceps gehörenden Asaphusart. Der Hinterrand ist in der für die Hypostome der Untergattung Asaphus s. str. eigentümlichen Weise in zwei lange zugespitzt endigende Lappen ausgezogen. Der Mittelkörper ist kräftig gewölbt; an seinem Hinderrande liegen zwei kleine flache Höckerchen, die als die Reste des Hinterlappens aufzufassen sind. Eine genauere Bestimmung, welcher Art das vorliegende Hypostom zuzuzählen ist, ist kaum möglich.

Asaphus ornatus n. sp. Taf. VI. Fig. 3. 4. 5. 6.

Einzelne Bruchstücke dieser Art aus der Sammlung des Mineralienkabinetts hat Steinhardt als As. raniceps bestimmt, jedoch wohl mit Unrecht, da sich die Form ihrer Glabella noch weiter von der des echten As. raniceps entfernt als die des vorherbesprochenen As. cf. raniceps. Vollständige Exemplare lagen mir nicht vor, sondern nur Glabellen mit Leibesringen und Leibesringe mit Schwanzschildern, doch so, dass ich die Zugehörigkeit der auf Taf. VI unter Fig. 3, 4, 5 und 6 abgebildeten Stücke ausser Zweifel stellen konnte.

Die Gesichtsnähte bilden vor der Glabella einen spitzen Winkel. Die Glabella selbst ist mässig gewölbt, gekielt und lässt auf den Steinkernen zwei Paar querliegende, feine Wülste erkennen, die an As. acuminatus Boeck[1]) erinnern, bei welcher Art sie jedoch weiter nach vorne liegen, als bei den vorliegenden Stücken. Die Rückenfurchen sind neben der breitesten Stelle der Glabella plötzlich stark vertieft; sie bilden hier eine grössere grubenförmige Einsenkung.

Besonders ausgezeichnet ist die Art dadurch, dass auf der breiten Rumpfspindel zwei parallele Reihen von Höckern — je zwei auf jedem Spindelgliede — verlaufen, welche, wie ich bei einem Stücke von Pr. Holland bemerkte, ganz nahe zusammenrücken können. Das Schwanzschild ist parabolisch, flachgewölbt. Auf der Spindel sind zehn Glieder mehr oder weniger deutlich zu erkennen; der Rücken der Spindel ist etwas kräftiger aufgewölbt.

Die Pleuren der Seitenteile, 7—8 an der Zahl sind durch eine feine Längsrippe zweigeteilt.

Die Schale ist mit feinen wellenförmigen Terrassenlinien verziert.

Fundorte: As. ornatus ist häufig in Ost- und Westpreussen gefunden.

---

1) cfr. W. C. Brögger l. c. pag. 93. Taf. VIII. Fig. 5.

Asaphus sp. Taf. V. Fig. 2.

Das auf Taf. V. Fig. 2 abgebildete Schwanzschild erinnert sehr an As. ornatus, indem die Pleuren der Seitenteile ebenfalls durch eine Längsrippe zweigeteilt sind; seine Form stimmt jedoch wenig mit dieser Art überein: es ist von beinahe halbkreisförmigem Umriss, während das von As. ornatus ausgesprochen parabolisch ist.

Fundort: Königsberg.

Asaphus obtusus n. sp. Taf. IV. Fig. 8. 9.

In dem pag. 9. erwähnten neuen Geschiebe lagen neben Holometopus? radiatus m. mehrere Glabellen und Schwanzschilder einer neuen Asaphusart. Die Glabella ist nach vorn sehr stark erweitert, schwach gekielt; zum Vorderrande stürzt sie steil ab. Zwischen den Augen wird sie durch eine quer verlaufende Vertiefung vollständig von dem kleinen Nackenhöcker abgeschnürt und fast gerade abgestutzt, ein Merkmal, welches keiner anderen Asaphidenart eigen ist. Die Gesichtsnähte stossen vorn in einem stumpfen Winkel zusammen.

Das Schwanzschild ist etwa halbkreisförmig, hinten schwach abgestutzt. Die Spindel ist stark gewulstet, nonngliederig. Die in gleichmässiger Wölbung abfallenden Seitenteile sind nur ganz in der Nähe der Spindel undeutlich gerippt.

Maasse: Glabella-Länge 10 mm, Breite 8 mm.
„ „ 16 „ „ 13 „
Schwanzschildlänge 10 mm, Breite 17 mm, Spindelbreite 5 mm.

Fundort: Nasser Garten bei Königsberg.
Heimat: Balticum.

Asaphus sp. Taf. VI. Fig. 12.

Ein Schwanzschild (Steinkern) von Kamiontken in Westpreussen zeigt die auf Taf. VI. Fig. 12 wiedergegebene Form: es ist breit parabolisch, von einem undeutlichen Randsaum umgeben; die Spindel lässt neun undeutliche Glieder erkennen, die Seitenteile sind vollkommen glatt. Das Schwanzschild zeigt in Bezug auf die undeutlich gegliederte Spindel und die vollkommen glatten Seitenteile Aehnlichkeit mit dem von As. latisegmentatus Nieszk[1]). Das Gestein ist Echinosphaeritenkalk.

Asaphus sp. Taf. VI. Fig. 13.

Das kleine Schwanzschild zeigt eine von dem der anderen Asaphiden abweichende Form: Es ist fast doppelt so breit als lang, hinten abgestutzt. Die bis nahe an den Hinterrand gehende Spindel ist undeutlich siebengliederig. Auf den Seitenteilen sind je fünf Pleuron durch feine leistenförmige Linien angedeutet.

Fundort: Königsberg.
Das Gestein ist Echinosphaeritenkalk.

---

1) Nieszkowski giebt für As. latisegmentatus (Monographie pag. 40) an, dass die Spindel nur auf dem Steinkern gegliedert ist, während die Seitenteile auch hier vollkommen glatt bleiben. Einen Randsaum erwähnt Nieszkowski nicht.

Asaphus devexus Eichwald. Taf. VI. Fig. 9.

1860. Asaphus devexus Eichwald: Lethaea rossica pag. 1458. Taf. LIII. Fig. 10.

Ein Schwanzschild aus dunkelgrauem Echinosphaeritenkalk stimmte gut mit der Eichwald'schen Art überein: Es ist fast halbkreisförmig, kräftig gewölbt. Die breite Spindel ist durch tiefe Rückenfurchen deutlich begrenzt; sie trägt ungefähr sieben Glieder. Die Seitenteile sind vollkommen glatt. Der Umschlag ist mit sehr groben Terrassenlinien verziert.

Fundort: Ostpreussen (Pr. Holland).

As. devexus ist bisher nur aus Estland anstehend bekannt.

Asaphus cf. platyurus Angelin. Taf. VI. Fig. 8.

[1854 (78) Asaphus platyurus Angelin: Pal. Scand. pag. 54. Taf. XXX. Fig. 1.]

Das auf Taf. VI. Fig. 8[1]) wiedergegebene grosse Schwanzschild erinnert durch die vielgliederige Spindel, deren einzelne Ringe in der Mitte etwas vorgebogen sind, an As. platyurus Angelin, von dem es sich nur durch die schwache Andeutung von Pleuren auf den Seitenteilen unterscheidet.

Fundorte: Königsberg, Marienwerder.

Das Gestein ähnelt dem grauen Orthocerenkalk Schwedens.

3. Untergattung: Isotelus Dekay.

Asaphus (Isotelus) platyrhachis Steinhardt. Taf. V. Fig. 7.

1874. Asaphus platyrhachis Steinhardt: Pr. Trilob. pag. 24. Taf. I. Fig. 10.

Die Beschreibung des Kopfschildes dieser Art kann ich nach einem von Dr. Nötling bei Neuenhof in Estland gesammelten Stücke geben. Es ist halbelliptisch, flach gewölbt, von einem flachen Saume umgeben. Die Hinterecken sind weggebrochen, sie waren jedenfalls in kurze Hörner ausgezogen. Die Gesichtsnähte entspringen am Hinterrande, näher an den Augen als an der Ecke, in den Vorderrand münden sie in stumpfem Winkel. Die Augen sind klein und niedrig. Die Glabella ist nur hinter den Augen durch schwache Rückenfurchen begrenzt, vor den Augen tritt sie in keiner Weise aus der Wölbung des Kopfschildes hervor[2]).

Der Rumpf besteht aus acht flachgewölbten Gliedern, deren Spindel viel breiter ist, als die Pleuren. Am Hinterrande eines jeden Leibesringes sieht man in der Rückenfurche bei dem Taf. V. Fig. 7 abgebildeten Steinkern deutlich eine etwa stecknadelkopfgrosse Vertiefung, welche den innern Abdruck der zuerst von Burmeister[3]) beobachteten Gelenkknöpfe repräsentiert. Die Pleuren endigen schwach gerundet; ihr innerer Teil ist kaum halb so breit als der äussere.

Das Schwanzschild ist parabolisch, gleichmässig sanft gewölbt. Die sehr breite Spindel ist seitlich kaum begrenzt, da die Rückenfurchen auf dem Schwanzschilde

---

1) Der Umschlag ist nach einem anderen vollkommen gleichgebildeten Stücke gezeichnet.
2) cf. Salters Diagnose für die Untergattung Isotelus in Salter: „A Monograph" pag. 147.
3) cf. Burmeister: „Ueber die Organisation der Trilobiten". pag. 29.

fast ganz verschwinden. Das Hinterende der Spindel tritt als scharf markierter Buckel hervor. Auf dem Steinkerne erscheint die Spindel undeutlich gegliedert; ausserdem lässt die Spindel auf Steinkernen noch zwei nach hinten convergierende ganz flache Längsfurchen erkennen. Auf den Seitenteilen sind nur bei schalenlosen Exemplaren ganz flache Rippen zu erkennen, welche undeutlich gefurcht erscheinen. Um das ganze Schwanzschild läuft ein schwach gehöhlter Randsaum.

Fundorte: Heiligenbeil, Wehlau, Königsberg in Ostpreussen, Belschwitz in Westpreussen.

As. platyrhachis kommt in Geschieben vom Alter der Lyckholmer Schicht vor. Seine Heimat ist Estland.

II. Gattung: **Megalaspis Angelin.**

Megalaspis limbata Boeck. form. typica Brögger. Taf. IV. Fig. 14. Taf. VI. Fig. 1.

1837. Trilobites limbatus Boeck in Keilhau: Gaea norwegica pag. 142.
1852. Megalaspis limbata Angelin: Pal. Scand. pag. 18. Taf. XVI. Fig. 3.
1874. Asaphus (Basilicus) sp. sim. A. tyranno. Steinhardt: Pr. Trilobiten. pag. 25 (z. T.). Taf. II. Fig. 11.
1872. Megalaspis limbata Boeck forma typica Brögger: Sil. Etag. 2 u. 3. pag. 77. Taf. IX. Fig. 1—5. Taf. XII. Fig. 10.

Das Bruchstück eines Kopfschildes und eine ganze Reihe von Schwanzschildern lagen mir vor.

Das Kopfschild ist nach Brögger parabolisch, mit zugespitzten Hinterecken. Die Gesichtsnähte verlaufen vor der Glabella im Bogen zum Vorderrande, in welchen sie in ziemlich spitzem Winkel einmünden. Die Glabella ist kurz, zwischen den Augen wenig eingeschnürt. Die Augenböcker ragen nicht unbedeutend über die Glabella hervor. Das Schwanzschild ist etwas über einen Halbkreis ausgezogen. Die von schwach gegeneinander gebogenen Rückenfurchen begrenzte Glabella endet bei den vorliegenden Stücken ziemlich undeutlich; sie trägt 12—14 Glieder. Die Seitenteile zeigen etwa sieben Rippen, die schwach gefurcht sind. Das ganze Schild ist von einem Randsaum umgeben, der hinter der Spindel mässig gehöhlt ist. Die von Angelin und Brögger erwähnte innere Grenzfurche des Randsaumes habe ich bei unseren Geschiebeexemplaren nicht beobachten können; der Saum ist eben nur durch das Aufhören der Seitenrippen gekennzeichnet.

Fundorte: Mehrfach in Ost- und Westpreussen in Geschieben von rotem Orthocerenkalk gefunden, der Oeland oder das Festland Schweden als Heimat der betr. Stücke bezeichnet.

Megalaspis limbata Boeck var. elongata. m. Taf. IV. Fig. 15.

Mehrere Schwanzschilder zeigten bei gleicher Gliederung der Spindel und Seitenteile eine etwas längliche Form als Meg. limbata forma typica und einen hinter der Spindel kräftiger gehöhlten Randsaum. Ich halte die Form für eine Varietät der Meg. limbata und nenne sie um ihrer Gestalt willen var. elongata.

Fundorte: Mehrfach in Ost- und Westpreussen in dunkelgraugrünem Kalk mit vereinzelten Glaukonitkörnchen gefunden. Die Heimat der betr. Geschiebe kann sowohl Schweden als Estland sein.

Megalaspis planilimbata Angelin. Taf. VI. Fig. 2.

1852. Megalaspis planilimbata Angelin Pal. Scand. pag. 18. Taf. XVI. Fig. 2.
1874. As. (Basilicus) sp. Asim. A. tyranno Steinhardt Pr. Trilobiten; pag. 25.

Eine ganze Anzahl von Bruchstücken und einige ganze Schwanzschilder der Art langen mir vor.

Das Schwanzschild ist ungefähr parabolisch, ziemlich kräftig gewölbt. Die Spindel zeigt ungefähr 14 Glieder. Die Seitenteile tragen 7, durch tiefe Furchen getrennte mehr oder weniger deutlich zweigeteilte Pleuren. Der um das ganze Schild laufende ziemlich breite Saum ist deutlich durch das Aufhören der Seitenrippen begrenzt, er ist meistens ringsum gehöhlt.

Von Meg. limbata unterscheidet sich diese Form durch stärkere Wölbung, durch die deutlicheren Rippen auf den Seitenteilen und durch geringere Breite.

Meg. planilimbata ist häufig in Geschieben von typischem Glaukonitkalk gefunden worden; seine Heimat ist Estland.

Megalaspis gigas Angelin. Taf. V. Fig. 6.

1852. Megalaspis gigas. Angelin: Pal. Scand. pag. 16. Taf. XII. Fig. 3.

Ein Schwanzschild dieser Art lag mir vor. Der Umriss ist ein vorn abgeschnittes Oval. Das ganze, ziemlich kräftig gewölbte Schild ist von einem breiten ebenen Randsaum umgeben. Die stark über die Seitenteile gewölbte Spindel endigt undeutlich; sie lässt bis 25 Ringel erkennen. Die Seitenteile tragen etwa 20 durch tiefe Rinnen von einander getrennte, welche schwach gefurcht sind und bis zu dem oben erwähnten Randsaume gehen.

Maasse: Länge 10 cm, Breite 9,5 cm. Spindelbreite 2,2 cm.

Meg. gigas ist nur einmal im Westpreussen in einem grossen Geschiebe dunkelbraunroten Orthocerenkalkes gefunden worden. Seine Heimat ist Oeland oder das Festland Schweden.

III. Gattung: Niobe. Angelin.

Von Niobe lag mir nur ein kleines unbestimmbares Bruchstück eines Schwanzschildes vor (Taf. VI. Fig. 14.). Es zeigt die für Niobe eigentümliche Ausbildung der Pleuren, welche dachziegelartig aneinander gereiht sind.

Fundort: Königsberg.

IV. Gattung: Nileus. Dalman.
Nileus Armadillo Dalman. Taf. III. Fig. 32.

1828. Nileus Armadillo Dalman: Palaeaden pag. 49. Taf. IV. Fig. 3a—c.
1852. Nileus Armadillo Angelin: Pal. Scand. pag. 19. Taf. XVI. Fig. 5a—c.
1860. Nileus Armadillo Eichwald: Lethaea rossica pag. 1490.
1882. Nileus Armadillo Brögger: Sil. Et. 2 & 3. pag. 64.

Die typische Form dieser Art lag mir nur in einem Schwanzschilde vor, welches ich auf Taf. III. Fig. 32 wiedergebe. Es ist etwa doppelt so breit als lang, in der Mitte hoch gewölbt, mit abgerundeten Ecken. Die Spindel ist nicht markiert, da die Rückenfurchen fehlen; angedeutet wird sie nur am Vorderrande durch die schmalen, nach unten gebogenen Gelenkflächen. Um das Schwanzschild läuft ein ziemlich breiter Saum, der von dem gewölbten mittleren Teile durch eine ziemlich tiefe und breite Furche abgeschnürt ist.[1]

Maasse: Länge 18 mm, Breite 42 mm.

Fundort: Pr. Holland in Ostpreussen, in grauem körnigem Kalk, der au den schwedischen Orthocerenkalk erinnert. N. Armadillo ist aus Estland bisher nicht mit Sicherheit bekannt, die Heimat unseres Stückes ist also jedenfalls Schweden.

Nileus sp. Taf. III. Fig. 33.

Das auf Taf. III. Fig. 33 abgebildete Schwanzschild lag in einem Geschiebe grauen Orthocerenkalkes zusammen mit Illaenus chiron Holm. Es ist etwa nur 1½ mal so breit als lang und ringsum mit einem weniger stark abgesetzten Randsaum umgeben als N. Armadillo.

Fundort: Königsberg.

Nileus? sp. Taf. III. Fig. 31.

1874. Nileus armadillo Steinhardt: Pr. Trilob. pag. 52. Taf. IV. Fig. 9.

Steinhardt beschreibt das auf Taf. III. Fig. 31 abgebildete Schwanzschild als N. armadillo Dalm. Diese Bestimmung kann ich ebensowenig für richtig halten, als die der Volborth'schen Stücke, welche eine undeutlich durchscheinende Schwanzspindel haben sollen.[2] Steinhardt giebt a. a. O. an, dass das Schwanzschild keine Spur einer Spindel zeigt; bei genauer Betrachtung bemerkt man jedoch deutlich zwei schwache convergierende Eindrücke, welche die Ausdehnung der breiten Spindel anzeigen; diese Eindrücke fehlen bei N. armadillo Dalm. stets. Ausserdem nennt Steinhardt den Hinterrand der Gelenkflächen nur verdickt, während er in Wirklichkeit eine scharfe, erhöhte Kante bildet, von welcher die Gelenkflächen steil abfallen, was bei N. armadillo nie der Fall ist. Diese Ausbildung der Gelenkflächen, sowie die hinter denselben auftretenden deutlichen Kniefurchen und das Fehlen des für N. armadillo so charakteristischen Randsaumes lassen es ausser Zweifel, dass die Steinhardtsche Bestimmung falsch ist.

Fraglich erscheint es, ob das vorliegende Schwanzschild überhaupt zur Gattung Nileus gehört. Da mir nur dieses eine Stück vorlag, konnte ich es auf die Ausbildung seines Umschlages hin nicht untersuchen. Die Form des Umschlages würde ja entscheiden, ob hier ein Vertreter der Familie der Asaphiden überhaupt, oder vielleicht eine mit Illaenus verwandte Form vorliegt, an welche Gattung das Schwanzschild lebhaft erinnert.

Das vorliegende Stück wurde in einem grauen, schwach rötlich gefleckten Kalkstein bei Rosenberg in Westpreussen gefunden.

[1] Neuerdings mehrfach in rotem Orthoceraukalk gefunden.
[2] cf. Volborth: „Ueb. d. m. glatt. Rumpfgliedern versehenen Russ. Trilobiten." Mins. de l'Ac. d. Sc. d. St. Petersb. 1863. pag. 37. Taf. IV. Fig. 69.

An die Familie der Asaphiden schliesse ich die Schwanzschilder dreier Formen an, die ich nach den vorhandenen Bestimmungen nur zur Gattung

Holometopus Angelin

stellen kann. Angelin selbst giebt keine genaue Charakteristik dieser Gattung und hat möglicherweise Formen in ihr zusammengefasst, die garnicht zusammen gehören, wie Hol.? elatifrons, von welcher Art Angelin allein das Kopfschild kennt, auf dem der Verlauf der Gesichtsnähte ganz und gar nicht der Angabe Angelins (Pal. Scand. pag. 58) entspricht.[1]) Für die vorliegenden Schwanzschilder wiederhole ich die Diagnose Angelins:[2])

„Abdomen, latinsculum, semicirculare, immarginatum, integerrimum, rhachis distincta, angusta, conica, marginem scuti haud attingens." Zu den Asaphiden stelle ich die folgenden Arten, da der Umschlag (bei dem einen der Stücke freigelegt, bei anderen durch die Schale hindurchschimmernd) eine ähnliche Ausbildung zeigt, wie bei den Arten der Gattung Asaphus.

Holometopus? gracilis n. sp. Taf. V. Fig. 8. 8a.

Zwei Schwanzschilder zeigen einen halbkreisförmigen Umriss, sehr kräftige Wölbung des mittleren Schildteiles und einen verhältnismässig breiten, flachen Randsaum. Die Spindel ist nach hinten stark verschmälert, sie läuft in einen Kiel aus, der bis beinahe zum Rande des Schwanzschildes geht. Auf dem vorderen Teil der Spindel sind etwa drei deutlichere Ringe zu erkennen, auf welche eine Reihe ganz undeutlicher folgt. Die Seitenteile tragen je 6, ungefähr radial verlaufende, undeutliche Rippen. Der Umschlag, durch die Schale hindurchschimmernd, nimmt etwas mehr als die halbe Schildbreite ein.

Maasse: Länge 6 mm, Breite 10 mm, Spindelbreite 2 mm.
„ 10 „ „ 28 „ „ 3 „

Die Oberfläche, auch die der Spindel, ist mit sehr feinen, dichtgestellten Wellenlinien verziert.

Fundort: Bäckermühle bei Marienwerder, Westpreussen, in grauem körnigen Kalk, der an schwedischen Orthocerenkalk erinnert.

Holometopus? laevis n. sp. Taf. V. Fig. 9.

Von der Form der vorigen Art, zeigt die vorliegende auf der ebenfalls in einen Kiel auslaufenden Spindel drei deutliche Ringel, während die Seitenteile vollkommen glatt sind.

Maasse: Länge 8 mm, Breite 12 mm, Spindelbreite 3 mm.

Fundort: Nasser Garten bei Königsberg.

H.? laevis lag in dunkel braunrotem Kalk, der mit dem oberen roten Orthocerenkalk Schwedens vollkommen übereinstimmt. Schweden oder Nachbargebiete des Ostseebeckens sind daher die mutmassliche Heimat unserer Art.

---

1) cf. W. C. Brögger: Sil. Et. 2 u. 3, pag. 128. Taf. III. Fig. 18.
2) cf. Angelin l. c. pag. 58.

Von den nahestehenden Angelinschen Arten Hol. aciculatus[1]) und Hol. limbatus[2]) sind die beiden eben angeführten Formen durch die kielartige Verlängerung der Spindel geschieden.

Holometopus? radiatus n. sp. Taf. IV. Fig. 16.

Das Schwanzschild ist halbkreisförmig, von einem breiten Randsaum umgeben, die Spindel ist schmal, lang, bis zum Ende deutlich geringelt. Die Seitenteile tragen 6, durch ziemlich tiefe Furchen getrennte, radial verlaufende, gewölbte Pleuren.

Der bei dem abgebildeten Stücke blosgelegte Umschlag ist breit, etwa wie bei der Untergattung As. s. str., gehöhlt, mit sehr dicht gestellten parallelen Terrassenlinien verziert.

Maasse: Länge 10 mm, Breite 18 mm. Spindelbreite 3,5 mm.

Fundort: Königsberg.

Hol.? radiatus zeigt in seiner äusseren Form Aehnlichkeit mit Hol. ornatus Ang.[3]) doch das Fehlen der Höckerchen auf der Spindel und den Seitenteilen bei der vorliegenden Form trennt die beiden Arten.

XIII. Fam.: Remopleuridae.

Gattung: Remopleurides Barrande. Portlock.

Remopleurides Jentzschi n. sp. Taf. I. Fig. 31a. b.

Aus der Forst Wilhelmswalde bei Skurz in Westpreussen lagen mir mehrere Glabellen vor, welche der des Remopleurides radians[4]) ziemlich nahe stehen. Die Glabella ist breiter als lang, flach gewölbt, nach vorn in einen Stirnfortsatz ausgezogen, der erheblich breiter als bei R. radians ist. Drei Paar Seitenfurchen sind angedeutet, das erste Paar nur in Form dunklerer Punkte, die beiden hinteren Paare als deutliche Linien.

Der Vorderrand des Stirnfortsatzes ist schwach eingebuchtet, ähnlich wie bei R. emarginatus Törnquist, welche Art von unserer vorliegenden ebenso wie R. radians durch die Ausbildung der Seitenfurchen verschieden ist. Der Nackenring ist ziemlich breit, in der Mitte desselben liegt ein kleiner schwacher Höcker. Die Augendeckplatten zeigen, soweit sie erhalten sind, die für Remopleurides charakteristische Sichelform.

Maasse: Länge der Glabella 8 mm, Breite 9 mm, Breite des Stirnfortsatzes 4 mm, Länge desselben 2,5 mm.

Fundort: Forst Wilhelmswalde bei Skurz, Westpreussen.

R. Jentzschi liegt in einem Geschiebe hellgrauen Echinosphaeritenkalkes. Heimat: Das Ostseebecken?

---

[1] cf. Angelin l. c. pag. 58. Taf. XXX. Fig. 5.
[2] cf. Angelin l. c. pag. 58. Taf. XXX. Fig. 7a.
[3] cf. Angelin l. c. pag. 59. Taf. XXX. Fig. 6.
[4] cf. Berraude: Syst. sil. Bd. I. pag. 359. Taf. XLIII. Fig. 34. 36.

XIV. Fam.: Olenidae.

Gattung: **Olenus: Dalman.**

Olenus truncatus Brünnich. Taf. IV. Fig. 25. 26.

1845. Olenus truncatus Brünn: in Angelin. Pal. Scand. pag. 48. Taf. XXV. Fig. 1.

Eine sehr grosse Anzahl von Bruchstücken dieser Art liegen mir vor, aus denen ich das Kopfschild Taf. IV. Fig. 25 reconstruiert habe.

Das Kopfschild ist etwas mehr als doppelt so breit als lang, mit fast geradem Vorderrande. Ringsum läuft ein schmaler Randsaum neben einer deutlichen Randfurche. Die Hinterecken sind in wenig divergierende Hörner ausgezogen.

Die Glabella nimmt etwa $^2/_3$ der Länge und wenig über $^1/_4$ der Breite des Kopfschildes ein. Sie ist nach vorn wenig verschmälert, abgerundet, von tiefen Rückenfurchen umgrenzt. Drei Paar Seitenfurchen treten auf, die von vorn nach hinten an Länge und Tiefe zunehmen. Sie bilden wenig geschwungene, schräg nach hinten und innen gerichtete Eindrücke. Die Nackenfurche ist tief und tritt deutlicher hervor als die dritten Seitenfurchen. Der Nackenring ist etwas höher gewölbt als die Glabella und trägt einen ganz schwachen Mittelhöcker.

Die festen Wangen sind etwa $^3/_4$ so breit als die Glabella; zu den kleinen halbmondförmigen Augen geht vom Stirnteile der Glabella ein feiner Augenwulst hin. Die Augendeckplatten sind von einer Furche begrenzt, welche sich auf die freien Wangen fortsetzt und den Augengrund umgrenzt.

Der Schildteil vor der Glabella ist schräge nach unten gebogen, gewölbt. Als schwache Verlängerung der Rückenfurchen setzt sich auf diesen Schildteil eine ganz flache, breite Vertiefung von beiden Seiten des Stirnteils der Glabella zum Vorderrande fort.

Die freien Wangen sind schwach gewölbt.

Die Oberfläche des Kopfschildes ist fast ganz glatt; nur auf den freien Wangen und auf dem breiten Saume vor der Glabella verlaufen sehr feine, radial resp. parallel angeordnete Runzeln. Leibesringe waren nach Angelin[1]) 13 vorhanden. Die Spindel ist deutlich abgesetzt, gewölbt, die Pleuren sind längsgefurcht; sie endigen spitz.

Das Schwanzschild ist dreieckig, doppelt so breit als lang. Die Spindel ist 5—6 gliederig; die Seitenteile tragen 4 breite gefurchte Pleuren. Um das ganze Schild läuft ein schmaler Saum.

Maasse: Kopfschild: Länge 6 mm, Breite 12,5 mm. Glabella: Länge 4 mm, Breite 3—3,5 mm. Schwanzschild: Länge 2,5 mm, Breite 5 mm. Spindelbreite 1,5 mm.

Fundort: Bäckermühle bei Marienwerder in Westpreussen.

Heimat: Durch das Gestein (schwarzer cambrischer Stinkkalk) wird Schweden als die Heimat bezeichnet.

---

1) Angelin. l. c. pag. 48.

Gattung: Sphaerophthalmus. Angelin.

Sphaerophthalmus alatus Boeck. Taf. IV. Fig. 27. 27a.

1838. Trilobites alatus Boeck in Keilhau: Gaea norwegica. pag. 143.
1854. Sphaerophthalmus alatus Angelin: Pal. Scand. pag. 49. Taf. XXVI. Fig. 9.
1880. Sphaerophthalmus alatus Boeck sp. in Linnarsson: Om Försteningarne i. d. Svenska Lagr. m. Peltura och Sphaer. pag. 97. Taf. I. Fig. 6—10.

Mir lagen nur Mittelschilder des Kopfes vor.

Die Glabella ist hoch gewölbt, cylindrisch, nach vorn wenig verschmälert; sie reicht bis dicht an den eingebuchteten Vorderrand. Nur die dritten Seitenfurchen sind deutlich ausgebildet; sie fliessen in einen, nach hinten schwach convexen Bogen zusammen. Die vorderen Seitenfurchen sind ganz undeutlich. Der Nackenring ist ebenso breit, wie die dritten Seitenlappen und trägt auf der Höhe seiner Wölbung einen kleinen spitzen Höcker; den langen Nackenstachel, wie ihn Linnarsson l. c. Taf. I. Fig. 8 abbildet, konnte ich bei meinen Stücken nicht constatieren. Die festen Wangen sind wenig schmäler als die Glabella und sehr stark gewölbt; in ihrem vorderen Teile ist ein feiner, fadenförmiger Augenwulst zu bemerken.

Die Augen sind nach Angelin kugelig ohne Augendeckel.

Die ungefähr halbkreisförmigen freien Wangen sind am Rande in einen nach hinten gebogenen, feinen Stachel ausgezogen.

Das Schwanzschild ist klein, keilförmig, mit sehr breiter 3 gliederiger Spindel.

Maasse: Länge des Mittelschildes 2,5 mm, Breite 4 mm.

Fundort: Baeckermühle bei Marienwerder.

Sp. alatus gehört dem oberen Olenusschiefer Schwedens an. Cambrium.

Gattung: Peltura. Milne-Edwards.

Peltura scarabaeoides Wahlenberg. Taf. IV. Fig. 28.

1821. Entomostracites scaracaeoides. Wahlenberg: Petrif. Tell. Svec. pag. 41. Taf. I. Fig. 4.
1854. Peltura scarabacoïdes Angelin: Pal. Scand. pag. 45. Taf. XXV. Fig. 8.
1880. Peltura scarabaeoïdes Wahlbg. sp. Linnarsson: Om Försten. i. d. Lagu. m. Pelt. o. Sphaer. pag. 4. Taf. I. Fig. 1—5.

Diese Art ist bis jetzt zweimal in unseren Geschieben gefunden worden, einmal bei Marienwerder in Westpreussen und bei Pr. Holland in Ostpreussen. Beide Geschiebe zeigen nur Mittelschilder des Kopfes.

Die Glabella ist mässig gewölbt, vorn abgestutzt, von ziemlich tiefen Rückenfurchen begrenzt. Drei Paar nach hinten gebogene Seitenfurchen treten auf; sie sind jedoch meistens nur undeutlich zu erkennen; in der Mitte der Glabella stossen sie nicht zusammen. Der Nackenring ist ziemlich breit, wenig gewölbt; durch schräg nach aussen und hinten verlaufende Aeste der Nackenfurche werden bei einigen Stücken deutlich kleine dreieckige Lappen vom Nackenringe abgeschnürt. Der schwache Mittelhöcker auf dem Nackenringe ist selten zu erkennen.

Der Saum vor der Glabella ist schmal. Die festen Wangen sind am Hinterrande fünf mal so breit als vorne. Sie sind breit dreieckig, schwach gewölbt. Die

Augen sind weit nach vorne gerückt; die kleinen Augendeckel ragen wenig aus den Wangen hervor.

Der Leib besteht nach Linnarsson jedenfalls aus 12 Ringeln.

Das ungefähr halbkreisförmige Schwanzschild zeigt[1]) eine breite dreigliederige Spindel und je drei in Zähne auslaufende Pleuren.

Maasse: Kopfschildlänge 9 mm, Länge der Glabella 7 mm, Breite 7 mm, hintere Breite der festen Wangen 4 mm.

Fundorte: Marienwerder, Pr. Holland.

In dem Geschiebe von Marienwerder lagen neben Kopfschildern von Pelt. scarabaeoides noch solche von Sphaerophthalmus alatus; durch dieses Zusammenvorkommen wird das Alter des betreffenden Geschiebes als dem oberen Olenusschiefer (Cambrium) Schwedens gleichzeitig bestimmt. Die Heimat ist wohl Schweden.

Es sind somit in der vorliegenden Arbeit 140 Trilobitenformen[2]) aus den Ost- und Westpreussischen Diluvialgeschieben behandelt worden; von diesen boten 25 zu wenig Anhaltspunkte zur spezifischen Bestimmung. Von den übrigen 115 Formen waren 75 bereits aus den russischen und skandinavischen Heimatsgebieten, resp. aus den Geschieben des norddeutschen Flachlandes bekannt. 22 Formen zeigten so bestimmte Merkmale, dass ich neue Arten auf dieselben begründen konnte, 18 Formen bildeten Varietäten der bereits bekannten Arten.

Diese 115 bestimmbaren Formen verteilen sich auf die Provinzen Ost- und Westpreussen, auf die einzelnen Formationen und die Heimatsgebiete, wie aus den folgenden Tabellen hervorgeht.

1) Linnarsson. l. c. pag. 5.
2) Von Phacops latifrons wird abgesehen aus oben angegebenen Gründen.

Zur Erläuterung der folgenden Tabelle diene nachstehende vergleichende Uebersicht des estländischen und schwedischen Cambrium und Silur:

Estland:	Schweden:
I. Cambrium:[1]	
Unterer Sandstein	—
(A_1) Blauer Thon	—
Zone d. Olenellus Mickwitzi	Ephytonsandstein.
Fucoidensand	Fucoidensand.
—	Zone des Olenellus Kjerulfi.
—	Paradoxideszone.
—	Olenuszone.
(A_2) Ungulitensand	—
(A_3) Dictyonemaschiefer	Dictyonemaschiefer.
II. Untersilur:	
B_1 Glaukonitsand	Glaukonitsand
B_2 Glaukonitkalk	{ Glaukonitkalk.
	{ Unterer Graptolithenschiefer.
	(Unterer roter Orthocerenkalk.
B_3 Vaginatenkalk	{ Unterer grauer „
	(Oberer roter „
C_1 Echinosphaeritenkalk	Oberer grauer „
C_2 Kuckersche Schicht }	
C_3 Itfersche Schicht }	{ Mittlerer Graptolithenschiefer u. Chasmopskalk.
D_1 Jewesche Schicht }	
D_2 Kegelsche Schicht }	Trinucleusschiefer.
D_3 Hemicosmitenkalk }	
—	Brachiopodenschiefer.
	Oberer Graptolitenschiefer.
E Wesenburger Schicht	—
F_1 Lyckholmer Schicht }	Leptaenakalk.
F_2 Borkholmer Schicht }	
III. Obersilur:	[Gotland.]
G_1 Jördensche Schicht }	a) Aeltester roter Mergelschiefer.
G_2 Borealis-Bank }	b) Stricklandianamergel.
G_3 Baiküllsche Schicht }	c) Jüng. Mergelsch. u. Sandst.
H Estonus-Schicht }	d) Kalksteinsch. m. Mergelbänd.-Oolith.
I Untere Oeselsche Schicht }	e) Pterygotusschicht.
K Obere Oeselsche Schicht }	f) Crinoiden- u. Corallenconglomerat.
	g) Megalomusbänke.
	h) Cephalopoden- u. Stromatoporenschicht.

1) cf. Fr. Schmidt: Ueber e. neuentd. Untercambr. Fauna in Estland. Mém. d. l'Ac. d. Sc. d. St. Petersb. 1888. pag. 12—13.

	Alter.			Vorkommen in	Heimat.		
	Cambrium.	Unter-Silur.	Ober-Silur.	Ost- | West- Preussen.	Est- land.	Balti- cum.	Schwe- den.
Agnostus pisiformis Linné	Olenusschiefer	—	—	[1)]	—	—	+
„ „ var. socialis Tullb.	Olenusschiefer	—	—	—	—	—	+
Harpes Spaski Eichwald	—	C_1	—	—	+	—	—
Ampyx foveolatus Angel.	—	C	—	—	—	—	+
— rostratus Sars	—	C	—	—	—	[+][2)]	+
— culminatus Ang.	—	C	—	—	—	[+]	+
— setirostris Ang.	—	C	—	—	—	[+]	+
*[3)] Phacops prussica n. sp.	—	—	K?	—	—	+	—
— Downingiae Murch.	—	—	c. u. K.	—	+	—	+
— imbricatula Dalm.	—	—	c—h	—	—	—	+
— caudata Brünn	—	—	c	—	—	+	+
— exilis Eichw.	—	C_1	—	—	-|-	—	—
— laevigata F. Schm.	—	D_1	—	—	+	—	—
— Kegelensis F. Schm.	—	D_2	—	—	+	—	—
— praecurraeus F. Schm.	—	C_1	—	—	+	—	—
— Odini Eichw.	—	C	—	—	-|-	—	—
— cf. marginata F. Schm.	—	D_1	—	—	-|-	+	—
— buceulenta Sjögr.	—	D_1	—	—	+	—	+
— Wesenbergensis F. Schm.	—	E	—	—	-|-	—	—
— macroura Sjögren	—	Backstein-Kalk, Chasm.-Kalk	—	—	—	+	+
— maxima Fr. Schm.	—	D	—	—	—	—	—
— Eichwaldi Fr. Schm.	—	F_1	—	—	-|-	—	—
— cf. Eichwaldi Fr. Schm.	—	U. S.	—	—	—	+	—
Cheirurus exsul. Beyr.	—	C_1	—	—	-|-	—	+
— — f. gladiator Eichw.	—	C_1	—	—	-|-	—	—
— — f. macrophthalma Kut.	—	C_1	—	—	-|-	—	—
— gotlandicus Linnars.	—	—	d	—	—	—	-|-
* — dubius n. sp.	—	—	Ob.-Sil.	—	-|-	—	—
— clavifrons Dalm.	—	C_1	—	—	+	—	+
— cf. Plautini F. Schm.	—	Backstein-Kalk	—	—	—	-|-	—
— pseudohemicranium Nieszk.	—	D_1	—	—	+	—	—
— variolaris Linnarss.	—	C_1	—	—	-|-	—	+
— cephaloceras Nieszk	—	C_1	—	—	-|-	—	—
— speciosus His.	—	—	b—h	—	—	—	+
*Amphion priscus n. sp.	—	—	B_2	—	—	—	-|-
Cybele revaliensis F Schmidt	—	C_1	—	—	-|-	—	—
— cfr. Grewingki F. Schm.	—	D_1	—	—	—	—	—

1) Die Lage und Stärke der Striche giebt die Häufigkeit der Art an.
2) [+] bedeutet: Die betr. Art kommt wahrscheinlich auch in dem so bezeichneten Gebiete vor.
3) * bedeutet: Neue Art.

	Alter.			Vorkommen in Ost-/West-Preussen.	Heimat.		
	Cambrium.	Unter-Silur.	Ober-Silur.		Est-land.	Balti-cum.	Schwe-den.
Cybele rex Nieszk.	—	C_2?	—		+	—	—
Eucrinurus obtusus Angel.	—	—	c		—	—	-/-
— cf. obtusus Angel.	—	—	c		[-/-]	+	[+]
— cf. Seebachi F. Schm.	—	E	—		—	-/-	—
— punctatus Wahlbg.	—	—	G—K u. b—h		—	—	-/-
Calymene tuberculata Dalm.	—	—	[G—K] c—h		[—]	[-/-]	+/-
— intermedia Lindst.	—	—	c—d		[-/-]	[-/-]	-/-
— spectabilis Ang.	—	—	c—h		[+]	[-/-]	+
Homalonotus cf. rhinotropis Ang.	—	—	?		—	—	+-
Lichas Salteri Fletcher	—	—	c		—	—	+
— illaenoides Nieszk	—	D_1	—		+	—	—
* — Gageli n. sp.	—	F_1?	—		—	-/-	—
— tricuspidata Beyr.	—	C_1	—		-/-	—	—
— affin. tricuspidatae	—	C_1	—		—	+	—.
— proboscidea Dames	—	C_1	—		—	-/-	—
— Plautini F. Schm.	—	C_1	—		-/-	—	—
* — media n. sp.	—	C_1	—		—	—	—
— aequiloba Steinh.	—	F_1	—		-/-	—	—
— deflexa Sjögr.	—	D	—		-/-	—	+
* — Branconis n. sp.	—	C_2?	—		—	+	—
— Eichwaldi Nieszk	—	E	—		-/-	—	—
— cf. Pahleni F. Schm.	—	D_1	—		—	+	—
— cf. angusta Beyr.	—	F_1	—		—	-/-	—
* — Lindströmi n. sp.	—	—	h?		—	+	—
— araucana Lindstr.	—	—	c—d		—	—	-/-
Acidaspis mutica Ennur.	—	—	Graptolith.-Gest.		—	+	—
Proëtus verrucosus Lindstr.	—	—	c		—	—	—
— signatus Lindstr.	—	—	d		—	—	+-
— concinnus Dalm.	—	—	c—h II. u. J		—	—	—
— affin. concinno Dalm.	—	—	?		-/-	-/-	—
* — distinctus n. sp.	—	—	Phacoluskalk		—	-/-	—
*Cyphaspis parvula n. sp.	—	—	?		—	—	—
Illaenus Jevensis Holm.	—	D_1 Backst.-Kalk	—		+	—	—
— chiron Holm.	—	C_1 und Ob.-S. Orth.-Kalk	—		—	—	-/-
— tauricornis Kut.	—	C_1	—		—	—	—
— revaliensis Holm.	—	B_3	—		-/-	—	—
— Schmidti Nieszk	—	C_1	—		—	—	—
— oblongatus Ang.	—	C_1	—		—	—	—
— angustifrons Holm.	—	F_1	—		—	—	—

	Alter.			Vorkommen in Ost-/West-Preussen.	Heimat.		
	Cambrium.	Unter-Silur.	Ober-Silur.		Est-land.	Balti-cum.	Schwe-den.
Illaenus Römeri Volb.	—	F_1	—	—	—	—	—
* — comes n. sp.	—	D_1	—	—	—	—	—
* — Vanhöffeni n. sp.	—	D_1	—	—	—	+	—
* — bisulcatus n. sp.	—	C_1	—	—	—	—	—
— sp. cf. Dalmanni Volb.	—	C_1	—	—	—	—	—
— Maskei Holm.	—	F_1	—	—	+	—	—
— Liunarssoni Holm.	—	F_1	—	—	+	[+]	+
* — nuculus n. sp.	—	?	—	—	—	+	—
— caecus Holm.	—	F_1	—	—	+	—	—
— barriensis Murch.	—	—	J, b—h	—	—	—	+
— sulcatus Lindstr.	—	—	d—h	—	—	—	+
— Holmi Lindstr.	—	—	e—h	—	—	—	+
Asaphus riumlosus Angelin	—	Ob. gr. Orth.-K.	—	—	—	—	+
— multicostatus Ang.	—	B_3	—	—	—	+	—
— tecticaudatus Steinh.	—	C_1	—	—	+	—	—
— undulatus Steinh.	—	Ob. gr. Orth.-K.	—	—	—	[+]	+
— cf. aciculatus Ang.	—	Ob. gr. Orth.-K.	—	—	—	—	—
* — oculosus n. sp.	—	C_1	—	—	+	—	—
* — Branconis n. sp.	—	D_1	—	—	+	—	—
— jevensis Fr. Schm.	—	D_1	—	—	+	—	—
* — Steinhardti n. sp.	—	C_1	—	—	—	+	—
— cf. raniceps Dalm.	—	C_1	—	—	[—]	+	—
* — ornatus n. sp.	—	C_1	—	—	[+]	+	—
* — obtusus n. sp.	—	?	—	—	—	+	—
— devexus Eichwald	—	C_1	—	—	—	—	—
— cf. platyurus Ang.	—	Ob. gr. Orth.-K.	—	—	—	—	+
— platyrhachis Steinh.	—	F_1	—	—	+	—	—
Megalaspis limbata Böck.	—	Ob. rot. Orth.-K.	—	—	—	—	+
— — var. elongata	—	B_3	—	—	[+]	+	[+]
— gigas Angel.	—	Ob. rot. Orth.-K.	—	—	—	—	—
— planilimbata Angel.	—	B_3	—	—	+	—	—
Nileus armadillo Dalm.	—	Ob. roter u. gr. Orthoc.-Kalk	—	—	—	—	+
*Holometopus? gracilis n. sp.	—	Gr. Orth.-Kalk	—	—	—	+	—
* — laevis n. sp.	—	Roter Orth.-K.	—	—	—	+	—
* — radiatus n. sp.	—	?	—	—	—	+	—
*Remopleurides Jeutzschi n. sp.	—	C_1	—	—	—	+	—
Olenus truncatus Brünn.	Olenusschiefer	—	—	—	—	—	+
Sphaerophthalmus alatus Boeck.	Olenusschiefer	—	—	—	—	—	+
Peltura scarabaeoides Wahlbg.	Olenusschiefer	—	—	—	—	—	+

Unsere Trilobitenfauna besteht also aus:

    5 Arten und Varietäten vom Alter des Cambrium
    83 „ „ „ „ „ „ Unter-Silur
    27 „ „ „ „ „ „ Ober-Silur.
Davon kommen sowohl in Ost- als Westpreussen vor . . 54
allein Ostpreussen gehören an 46
„ Westpreussen „ „ 15

Das Verhältnis der Trilobitenfauna der einzelnen Provinzen in Bezug auf Alter und Heimat der Form wird durch folgende Tabelle erläutert:

	Estland.	Balticum.	Schweden.	Estland und Schweden.	
I. Ost-Preussen: Cambrium	—	—	2	—	2
Unter-Silur	37	24	9	7	77
Ober-Silur	—	7	10	4	21
	37	31	21	11	100
	$= 37\,^0/_0$	$= 31\,^0/_0$	$= 21\,^0/_0$	$= 11\,^0/_0$	
II. West-Preussen: Cambrium	—	—	5	—	5
Unter-Silur	21	10	7	7	45
Ober-Silur	—	2	13	4	19
	21	12	25	11	69
	$= 30{,}4\,^0/_0$	$= 17\,^0/_0$	$= 36{,}2\,^0/_0$	$= 16\,^0/_0$	

Ein Vergleich dieser Zahlen ergiebt, dass sich die Trilobitenfauna Ostpreussens mehr an Estland, die Westpreussens mehr an Schweden anlehnt: Ein abermaliger Beweis für die bereits von Nötling und Kiesow im Allgemeinen und von Gagel[1]) in Bezug auf die Brachiopoden gefundene Thatsache. Eigentümlich ist es ferner, dass wir keine Trilobiten aus dem Estländischen Cambrium und ebenso keine specifisch estländische obersilurische Trilobitenform haben, während die Hauptmasse unserer untersilurischen Trilobiten — 48 resp. 47% — auf Estland zurückzuführen ist.

    1) cf. C. Gagel: Die Brachiopoden d. cambr. u. sil. Gesch. d. Prov. Ost- u. Westpr., Diss. 1890. pag. 71 u. 72.

Nach Fertigstellung des Druckes der Arbeit erhielt ich noch mehrere, für das Diluvium unserer Provinzen neue Trilobitenformen: Ampyx sp. aus Glaukonitkalk, Symphysurus sp. aus Ob. rot. Orthocerenkalk, Calymene sp. aus einem gelbbraunen, etwas sandigen Kalke, welche ich leider in diese Arbeit nicht mehr aufnehmen konnte.

Inhaltsverzeichnis für den Palaeontologischen Teil.

	Seite.	Taf.	Fig.
Acaste siehe Phacops.			
Acidaspis mutica Emmr.	59	VI	30
Agnostus pisiformis Linné	14	IV	23
— —var. socialis Tullb.	15	IV	24
Ampbion priscus n. sp.	35	II	19
Ampyx culminatus Ang.	17	IV	22
foveolatus Ang.	16	IV	17
rostratus Sars	16	IV	18
setirostris Ang.	17		
Arges siehe Lichas.			
Asaphus cf. aciculatus Angel.	75	V	5
Branconis n. sp.	78	V	3
devexus Eichw.	82	VI	9
jevensis F. Schm.	78	IV	5
multicostatus Ang.	73		
obtusus n. sp.	81	IV	8
oculosus u. sp.	75	IV	1
ornatus n. sp.	80	VI	3
cf. platyurus Ang.	82	VI	8
platyrhachis Steinh.	82	V	7
cf. raniceps Dalm.	79	VI	10
rimulosus Ang.	72	IV	13
tecticaudatus Steinh.	74	IV	10
Steinhardti u. sp.	79	V	1
undulatus Steinh.	75	IV	12
Bumastus siehe Illaenus.			
Calymene intermedia Lindst.	41	VI	20
spectabilis Ang.	42	VI	21
tuberculata Dalm.	40	VI	19
Chasmops siehe Phacops.			
Cheirurus cephaloceras Nieszk.	34	II	13
clavifrons Dalm.	32	II	11
dubius n. sp.	31	II	7
exsul Beyr.	28	II	1
gladiator Eichw.	29	II	3
macrophthalma Kut	29	II	5
Gotlandicus Lindstr.	30	II	9
cf. Plautini F. Schm.	32	III	8
pseudohemicranium Nieszk.	32	II	15
speciosus His.	31	II	6
variolaris Linnrs.	33	II	12

	Seite.	Taf.	Fig.
Conolichas siehe Lichas.			
Cybele cf. Grewingki F. Schm.	37	V	17
revaliensis F. Schm.	36	V	16
rex. Nieszk.	37	V	15
Cyphaspis parvula n. sp.	57	VI	28
Cyrtometopus siebe Cheirurus.			
Dalmania siehe Phacops.			
Encrinurus obtusus Ang.	39	V	25
punctatus Emmr.	40	V	20
cf. Seebachi F. Schm.	39	V	24
Harpes Spaski Eich.	15	IV	29
Homalonotus cf. rhinotropis Ang.	42		
Homolichas siehe Lichas.			
Holometopus gracilis n. sp.	86	V	8
laevis n. sp.	86	V	9
radiatus n. sp.	87	IV	16
Hoplolichas siehe Lichas.			
Isotelus siehe Asaphus.			
Illaenus angustifrons Holm	65	III	12
barriensis Murch	70	III	26
bisulcatus n. sp.	67	III	18
caecus Holm	70	III	21
chiron Holm	60	III	4
comes n. sp.	66	III	19
cf. Dalmanni Volb.	68	II	36
Holmi Lindstr.	72	III	30
jevensis Holm	59	III	1
Linnarssoni Holm	68	III	13
Masckei Holm	68		
nuculus n. sp.	69	VI	34
oblongatus Holm	64	II	30
revaliensis Holm	63	III	14
Roemeri Volb.	66	III	16
Schmidti Nieszk.	63	III	6
sulcatus Lindstr.	71	III	28
tauricornis Kut	61	III	8
Vanhöffeni n. sp.	67	III	17
Lichas aequiloba Steinh.	48	V	14
cf. angusta Beyr.	52	II	34
aranea Lindst.	53	V	11
Branconis n. sp.	48	II	26

	Seite	Taf.	Fig
Lichas dellexa Sjögr	49	II	20
Eichwaldi Nieszk.	40	VI	16
Gageli n. sp.	44	II	33
illaenoides Nieszk.	43	V	12
Lindströmi n. sp.	52	V	10
media n. sp.	47	II	25
cf. Pahleni F. Schm.	51	II	28
Plautini F. Schm.	46	VI	18
proboscidea Daines	47		
tricuspidata Beyr.	45	II	20
affin. tricuspidatae Beyr.	46	II	23
Salteri Fletch.	43	VI	17
Megalaspis gigas Angel.	84	V	6
limbata Boeck	83	IV	14
— var. elongata	83	IV	15
planilimbata Ang.	84	VI	2
Nieszkowskia siehe Cheirurus.			
Nileus armadillo Dahn.	84	III	32
Olenus truncatus Brünn.	68	IV	25
Phacops bucculenta Aug.	24	I	16
caudata Emmr.	20	I	30
Downingiae Murch.	19	I	27
Eichwaldi F. Schm.	25	I	21
cf. Eichwaldi Schmidt	25	I	6

	Seite	Taf.	Fig
Phacops exilis Eichw.	21	I	15
imbricatula Ang.	20	I	29
Kegelensis F. Schm.	22	I	19
laevigata F. Schm.	21	I	20
latifrons Burm.	18	VI	15
macroura Sjögr.	25	I	7
cf. marginata F. Schm.	23	I	1
maxima F. Schm.	25	I	13
Odini Eichw.	22	I	2
praecurrens F. Schm.	22	I	4
prussica n. sp.	18	I	28
Wesenbergensis F. Schm.	25	I	14
Phaëtonides Barr.	58		
Peltura scarabaeoides Wahlbg.	89	IV	28
Proëtus concinnus Dahn.	55	VI	27
affin. concinno Dahn.	55	VI	26
distinctus n. sp.	56	VI	23
signatus Lindstr.	54	VI	22
verrucosus Lindstr.	54	V	27
Pterygometopus siehe Phacops.			
Remopleurides Jentzschi n. sp.	87	I	31
Sphaerexochus sp.	36	II	18
Sphaerophthalmus alatus Boeck.	89	IV	27

Tafel-Erklärungen.

[Pr. M. K.] = Sammi. d. Prov.-Mus. Königsberg.
[M. 1. K.] = „ d. Min.-Inst. Königsberg.
[S. K. D.] = „ d. Herrn Dr. Kiesow-Danzig.
[S. V. W.] = „ d. Herrn Dr. Vanhöffen-Weldau.
[S. Z. H.] = „ d. Herrn Lehrer Zinger-Pr. Holland.
[S. S. B.] = „ d. Herrn Konrektor Seydler-Braunsberg.
[S. P. K.] = meine Sammlung.

Erklärung der Tafel I.

Fig. 1. a. b. Phacops cf. marginata Fr. Schmidt. Königsberg. [Pr. M. K.] .... Seite 23
Fig. 2. a. Phacops Odini Eichw. Ostpr. [M. L. K.] .... „ 22
Fig. 3. Phacops cf. marginata Fr. Schmidt. Königsberg. [Pr. M. K.] .... „ 23
Fig. 4. a. Phacops praecurrens. Fr. Schmidt. Wehlau. [Pr. M. K.] .... „ 22
Fig. 5. Phacops sp. [? bucculenta]. Wehlau. [Pr. M. K.] .... „ 27
Fig. 6. Phacops sp. [? Eichwaldi]. Ostpr. [M. L. K.] .... „ 27
Fig. 7. 7a. Phacops macroura Sjögr. Detmitten. [Pr. M. K.] .... „ 25
Fig. 8. „ „ „ Heilsberg. [Pr. M. K.]
Fig. 9. „ „ „ Ostpr. [M. L. K.]
Fig. 10. „ „ „ Ostpr. [M. L. K.]
Fig. 11. „ „ „ Königsberg. [Pr. M. K.]
Fig. 12. Phacops maxima Fr. Schmidt. Hypostom. Cranz. [Pr. M. K.] ...... „ 26
Fig. 13. 13a. „ „ „ Schwanzschild. Wargitten. [Pr. M. K.]
Fig. 14. 14a. Phacops Wesenbergensis Fr. Schmidt. Wehlau. [Pr. M. K.] ..... „ 25
Fig. 15. „ „ „ Kruglanken. [Pr. M. K.]
Fig. 16. Phacops bucculenta Aug. Wargitten. [Pr. M. K.] .... „ 24
Fig. 17. „ „ „ Cranz. [Pr. M. K.]
Fig. 18. Phacops exilis Eichw. Soritten. [Pr. M. K.] .... „ 21
Fig. 19. Phacops Kegelensis. Fr. Schmidt. Kaidau. [Pr. M. K.] .... „ 22
Fig. 20. a. b. c. Phacops laevigata Fr. Schmidt. Gr. Schönau. [Pr. M. K.] ..... „ 22
Fig. 21. Phacops Eichwaldi Fr. Schmidt. Wehlau. [S. V. W.] .... „ 27
Fig. 22. 23. „ „ „ Königsberg. [Pr. M. K.]
Fig. 24. Phacops sp. [? marginata]. Königsberg. [Pr. M. K.] .... „ 23
Fig. 25. Phacops sp. [? Pander]. Königsberg. [Pr. M. K.] .... „ 27
Fig. 26. Phacops sp. Lauth bei Königsberg. [Pr. M. K.] .... „ 28
Fig. 27. a. b. c. Phacops Downingiae Murch. Bielschwitz. [M. L. K.] ...... „ 19
Fig. 28. 28a. Phacops prussica n. sp. Cranz. [S. P. K.] .... „ 18
Fig. 29. Phacops imbricatula Ang. Kamiontken. [Pr. M. K.] .... „ 20
Fig. 30. 30a. Phacops caudata Emmr. Dirschkeim. [M. L. K.] .... „ 20
Fig. 31. a. b. Remopleurides Jentzschi n. sp. Wilhelmswalde. [Pr. M. K.] .... „ 87
Fig. 32. Phacops sp. [cf. macroura]. Ostpr. [M. L. K.] .... „ 25

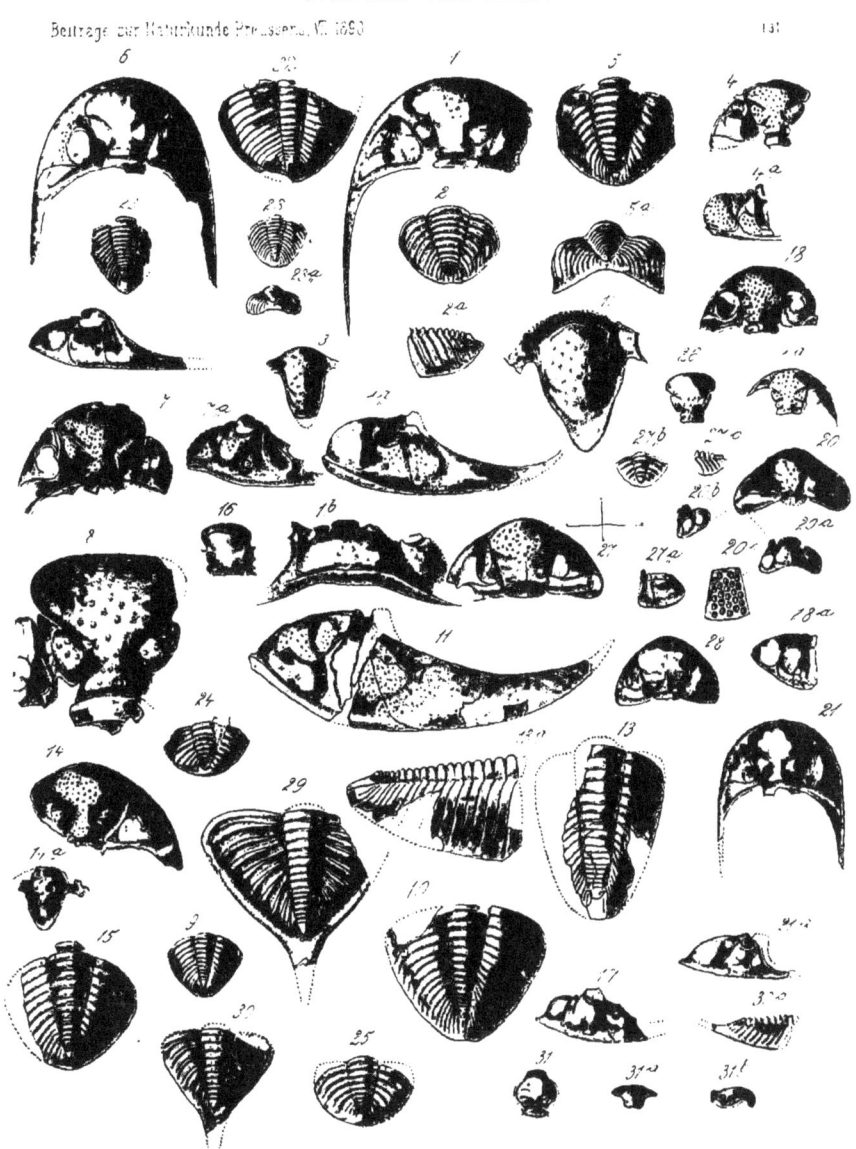

POMPECKI: TRILOBITEN.

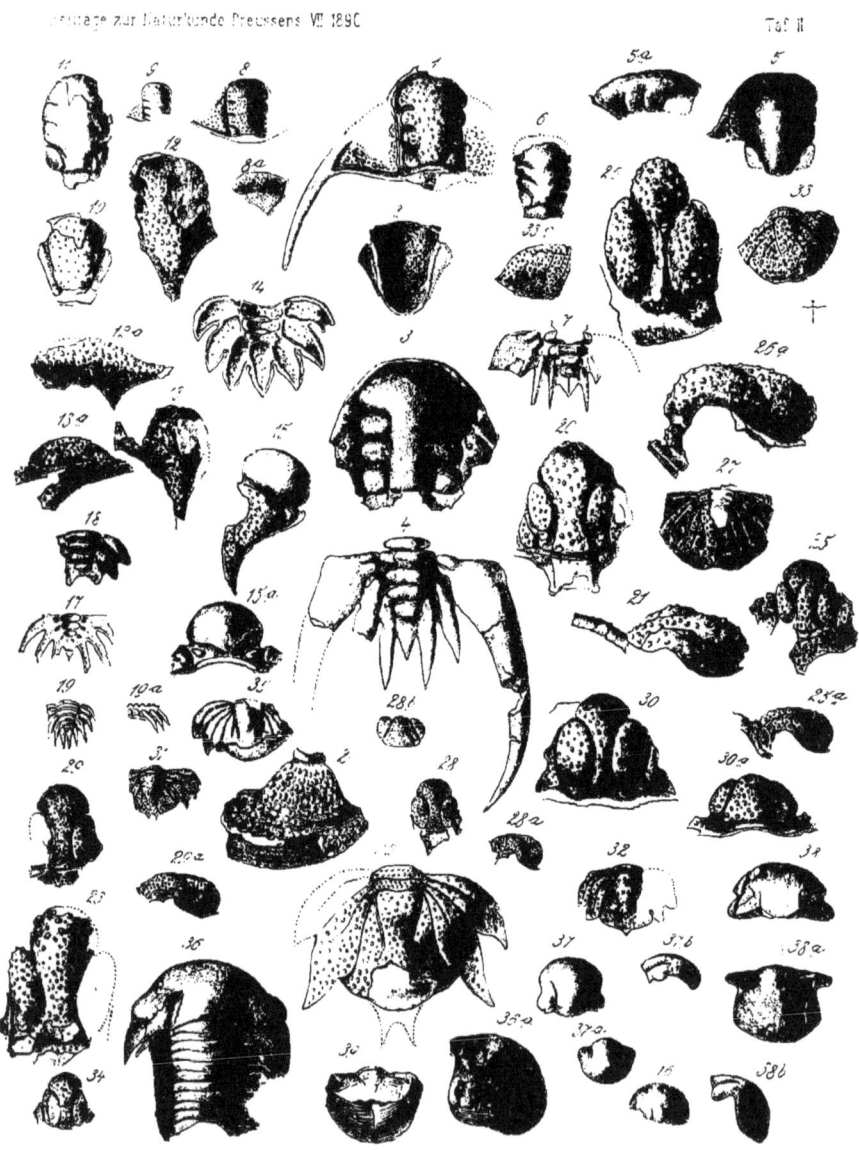

Erklärung der Tafel II.

Fig. 1. Cheirurus exsul. Beyr. Königsberg. [Pr. M. K.] Das Wangenhorn nach einem anderen Stück . . . . Seite 28
Fig. 2. Cheirurus exsul. Beyr. Hypostom. Königsberg. [Pr. M. K.]
Fig. 3. „ „ forma gladiator Eichw. Rosenberg. [M. I. K.] „ 29
Fig. 4. „ „ „ „ Wehlau. [S. V. W.]
Fig. 5. 5a. „ „ forma macrophthalma. Rosenberg. [M. I. K.] . . . . . . „ 29
Fig. 6. Cheirurus speciosus His. Rosenberg. [M. I. K.] . . . . „ 31
Fig. 7. Cheirurus dubius n. sp. Rosenberg. [M. I. K.] . . . . „ 31
Fig. 8. 8a. Cheirurus cf. Plautini Fr. Schmidt. Wehlau. [S. V. W.] 4 ? . . . . . . „ 32
Fig. 9. 10. Cheirurus gotlandicus Lindstr. Rosenberg. [Pr. M. K.] . . . . . . „ 30
Fig. 11. Cheirurus clavifrons Dalm. Königsberg. [Pr. M. K.] . . . . „ 32
Fig. 12. 12a. Cheirurus variolaris Linnrs. Wehlau. [S. V. W.] . . . . „ 33
Fig. 13. 13a. Cheirurus cephaloceras Niesz. Wehlau. [M. I. K.] . . . . „ 34
Fig. 14. Cheirurus? sp. Kurschitten (Kurland). [Pr. M. K.] . . . . „ 35
Fig. 15. Cheirurus pseudohemicranium Nieszk. Ostpr. [M. I. K.] . . . . . . „ 32
Fig. 16. „ „ „ „ Königsb. [Pr. M. K.]
Fig. 17. Cheirurus dubius n. sp. Rosenberg. M. I. K.] . . . . „ 31
Fig. 18. Sphaerexochus? sp. Fundort unbek. [Pr. M. K.] . . . . „ 36
Fig. 19. 19a. Amphion priscus n. sp. Belschwitz. [M. I. K.] . . . . „ 35
Fig. 20. Lichas tricuspidata Beyr. [Kopie nach Schmidt Rev. II, Taf. II, Fig. 12.] . „ 45
Fig. 21. „ „ „ Wehlau. [M. I. K.]
Fig. 22. „ „ „ [Kopie nach Schmidt Rev. II, Taf. II. Fig. 13.]
Fig. 23. L. affin. tricuspidatae Beyr. Wehlau. [S. V. W.] . . . . „ 46
Fig. 24. L. sp. [? tricuspidata.. Königsberg. [Pr. M. K.] . . . . „ 45
Fig. 25. 25a. Lichas media n. sp. Königsberg [Pr. M. K.] . . . . „ 47
Fig. 26. 26a. Lichas Branconis n. sp. Wehlau. [M. I. K.] . . . . „ 48
Fig. 27. Lichas Eichwaldi Nieszk. Wehlau. [Pr. M. K.] . . . . „ 50
Fig. 28. a b. 29. 31. Lichas cf. Pahleni Fr. Schmidt. Königsberg. [Pr. M. K.] . . . „ 51
Fig. 30. 30a. Lichas deflexa Sjögr. [Kopie n. Fr. Schmidt. Rev. II, Taf. IV, Fig. 24.] . „ 49
Fig. 32. Lichas Plautini Fr. Schmidt. Königsberg. [Pr. M. K.] . . . . „ 46
Fig. 33. 33a. Lichas Gageli n. sp. Cranz. [S. P. K.] 34. . . . . „ 44
Fig. 34. Lichas cf. angusta Beyr. Wehlau. [Pr. M. K.] . . . . „ 52
Fig. 35. Lichas sp. Wehlau. [Pr. M. K.] . . . . „ 52
Fig. 36. 36a. Illaenus sp. cf. Dalmanni Volb. Ostpr. [M. I. K.] . . . . „ 68
Fig. 37. a. b. Illaenus oblongatus? Holm. Ostpr. [M. I. K.] . . . . „ 64
Fig. 38. a. b. Illaenus sp. Königsberg. [Pr. M. K.] . . . . „ 72
Fig. 39. Illaenus oblongatus Holm. Königsberg. [Pr. M. K.] . . . . „ 64

Erklärung der Tafel III.

Fig. 1. 1a. Illaenus jevensis Holm. Königsberg. [Pr. M. K.] . . . . Seite 59
Fig. 2.   „   „   „   Königsberg. [Pr. M. K.]
Fig. 3.   „   „   „ (auf Backsteinkalk). Königsberg. [Pr. M. K.]
Fig. 4. 4a. Illaenus chiron Holm. Marienwerder. [Pr. M. K.] . . . . „ 60
Fig. 5.   „   „   „   Marienwerder. [Pr. M. K.]
Fig. 6. Illaenus Schmidti. Nieszk. Pr. Holland. [M. I. K.] . . . . „ 63
Fig. 7.   „   „   „   Wilhelmswalde. [Pr. M. K.]
Fig. 8. Illaenus tauricornis Kut. Königsberg. [Pr. M. K.] . . . . „ 61
Fig. 9.   „   „   „   Ostpr. [M. I. K.]
Fig. 10.   „   „   „   Königsberg. [Pr. M. K.]
Fig. 11.   „   „   „   Rosenberg. [M. I. K.]
Fig. 12. 12a. Illaenus angustifrons Holm. Ostpr. [M. I. K.] . . . . „ 65
Fig. 13. Illaenus Linnarssoni Holm. Ostpr. [M. I. K.] . . . . „ 69
Fig. 14. Illaenus revaliensis Holm. Ostpr. [M. I. K.] . . . . „ 63
Fig. 15. 15a. „   „   „   Pr. Holland. [M. I. K.]
Fig. 16. Illaenus Roemeri Volb. Ostpr. [M. I. K.] . . . . „ 66
Fig. 17. 17a. Illaenus Vanhoeffeni n. sp. Wehlau. [S. V. W.] . . . . „ 67
Fig. 18. Illaenus bisulcatus n. sp. Wehlau. [M. I. K.] . . . . „ 67
Fig. 19. Illaenus comes n. sp. Königsberg. [Pr. M. K.] . . . . „ 66
Fig. 20. Illaenus sp. Wehlau. [S. V. W.] . . . . „ 72
Fig. 21. 21a. Illaenus eucens Holm. Belschwitz. [M. I. K.] . . . . „ 70
Fig. 22. Illaenus sp. Königsberg. [Pr. M. K.] . . . . „ 72
Fig. 23. Illaenus sp. [? Linnarssoni]. Wehlau. [M. I. K.] . . . . „ 69
Fig. 24. Illaenus sp. cf. Dalmanni Volb. Ostpr. [M. I. K.] . . . . „ 68
Fig. 25. Illaenus sp. Wehlau. [M. I. K.] . . . . „ 72
Fig. 26. Bumastus barriensis Murch. Rosenberg. [Pr. M. K.] . . . . „ 70
Fig. 27.   „   „   „   Königsberg. [Pr. M. K.]
Fig. 28. a. b. Bumastus sulcatus Lindstr. Ostpr. [M. I. K.] . . . . „ 71
Fig. 29.   „   „   „   Wehlau. [Pr. M. K.]
Fig. 30. Bumastus Holmi Lindstr. Rosenberg. [M. I. K.] . . . . „ 72
Fig. 31. Nileus? sp. Rosenberg. [M. I. K.] . . . . „ 85
Fig. 32. Nileus armadillo Dalm. Pr. Holland. [M. I. K.] . . . . „ 84
Fig. 33. Nileus sp. Marienwerder. [Pr. M. K.] . . . . „ 85

POMPECKI: TRILOBITEN.

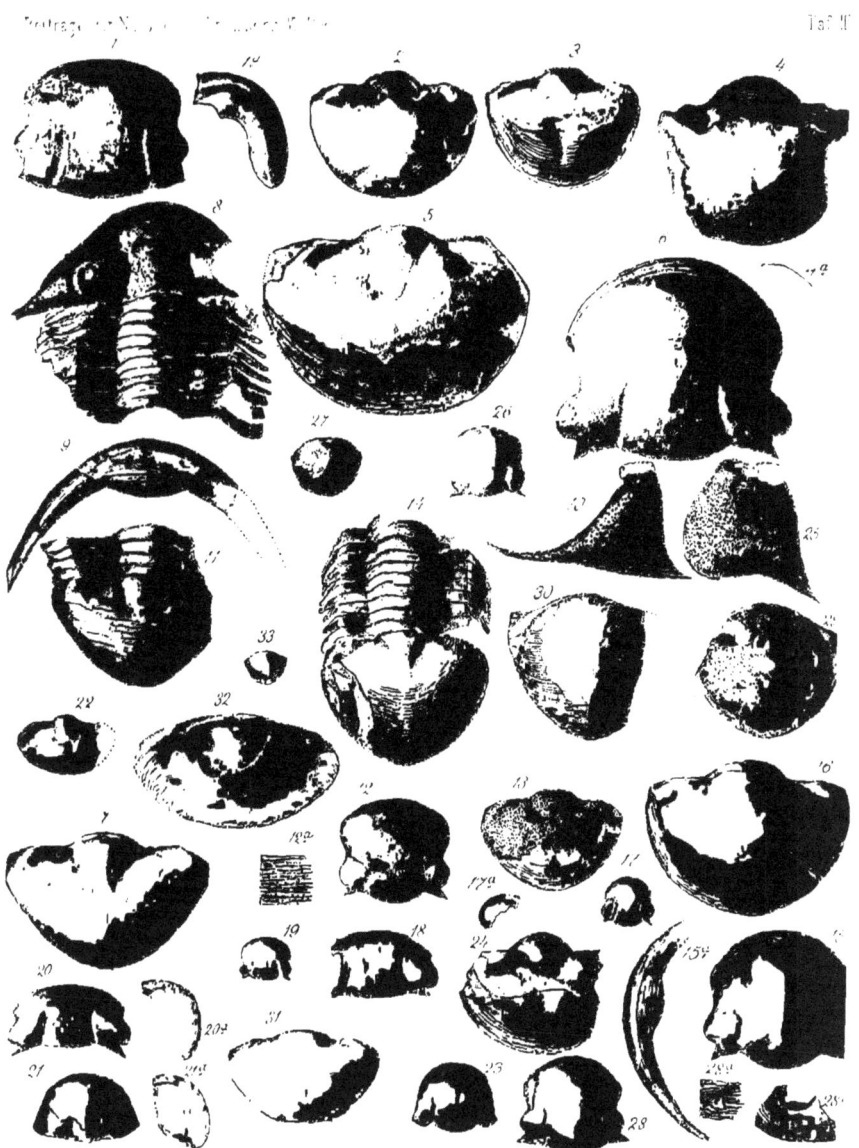

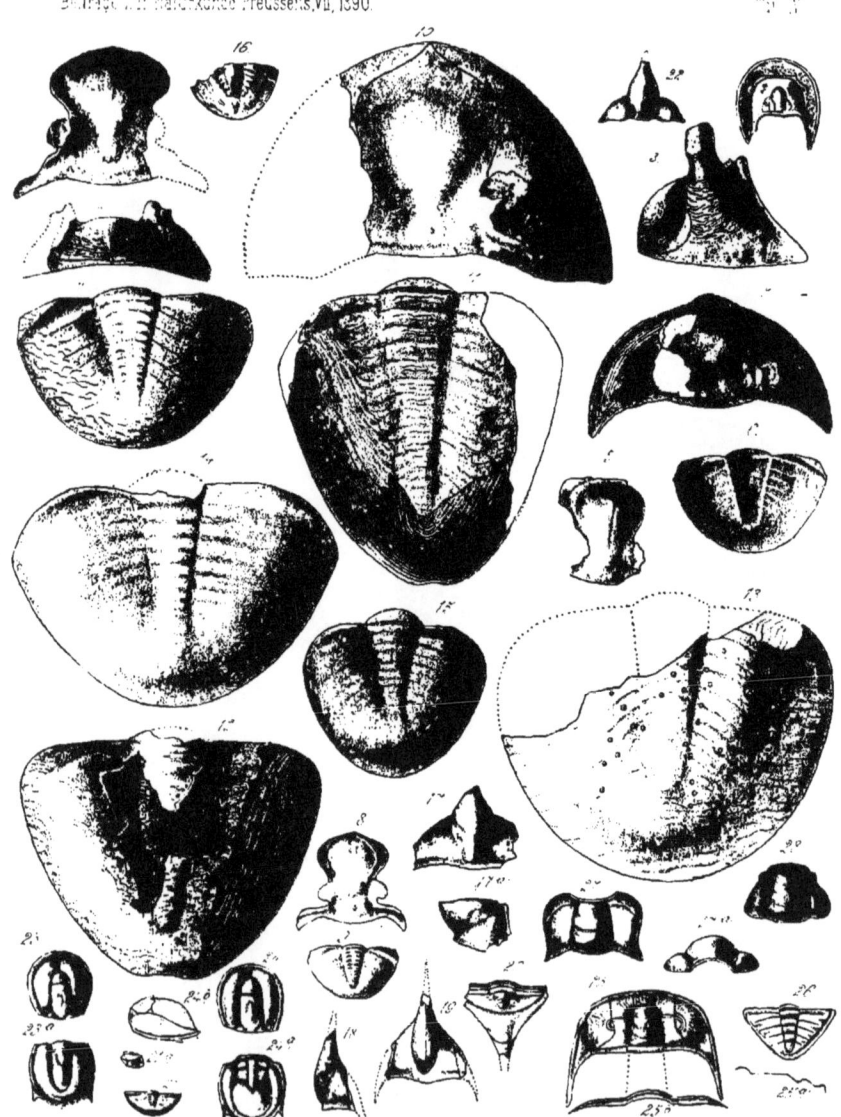

Erklärung der Tafel IV.

Fig. 1. Asaphus oculosus n. sp. Königsberg. [Pr. M. K.] . . . . Seite 75
Fig. 2. „ „ „ Königsberg. [Pr. M. K.]
Fig. 3. „ „ „ Königsberg. [Pr. M. K.]
Fig. 4. „ „ „ Königsherb. [Pr. M. K.]
Fig. 5. Asaphus jevensis Fr. Schmidt. Gr. Schönau. [Pr. M. K.] . . . . „ 78
Fig. 6. „ „ „ Trömpau. [Pr. M. K.]
Fig. 7. Asaphus sp. Strand bei Rosehnen. [Pr. M. K.] . . . . „ 77
Fig. 8. 9. Asaphus obtusus n. sp. Königsberg. [Pr. M. K.] . . . . „ 81
Fig. 10. Asaphus tecticaudatus Steinh. Königsberg. [Pr. M. K.] . . . . „ 73
Fig. 11. „ „ „ Königsberg. [Pr. M. K.]
Fig. 12. Asaphus undulatus Steinh. Pr. Holland. [M. J. K.] . . . . „ 75
Fig. 13. Asaphus rimulosus Aug. Königsberg. [Pr. M. K.] . . . . „ 72
Fig. 14. Megalaspis limbata Boeck. Königsberg. [Pr. M. K.] . . . . „ 83
Fig. 15. Megalaspis limbata Boeck. var. elongata n. var. Rosenberg. [M. I. K.] . . . „ 83
Fig. 16. Holometopus? radiatus n. sp. Königsberg. [Pr. M. K.] . . . . „ 87
Fig. 17. 17a. Ampyx foveolatus Aug. Königsberg. [Pr. M. K.] . . . . „ 16
Fig. 18. 19. 20. Ampyx rostratus Sars. Wehlau. [Pr. M. K.] . . . . „ 16
Fig. 21. 21a. „ „ „ Königsberg. [M. I. K.]
Fig. 22. Ampyx culminatus Ang. 4 l. Königsberg. [Kop. u. Steinh., Taf. IV, Fig. 11.] . „ 17
Fig. 23. 23a. Agnostus pisiformis Linné. Neukuhren? [Pr. M. K.] . . . . „ 11
Fig. 24. 24a. 24b. Agnostus pisiformis L. var. socialis Tullb. Marienwerder. [Pr. M. K.] „ 15
Fig. 25a. b. 26. Olenus truncatus Brünn. 3 l. Marienwerder. [Pr. M. K.] . . . . . „ 88
Fig. 27. 27a. Sphaerophthalmus alatus Boeck. 4 l. Marienwerder. [Pr. M. K.] . . . . „ 89
Fig. 28. Peltura scarabaeoides Waldbg. 2 l. Marienwerder. [Pr. M. K.] . . . . . . „ 89
Fig. 29. Harpes Spasski. Eichw. [Kopie n. Steinh., Taf. V, Fig. 6.] . . . . „ 15

Erklärung der Tafel V.

Fig. 1. a. b. Asaphus Steinhardti n. sp. Ostpr. [M. I. K.] . . . . Seite 70
Fig. 2. Asaphus sp. [? ornatus]. Königsberg. [Pr. M. K.] . . . . „ 80
Fig. 3. a. b. Asaphus Branconis n. sp. Craussen. [Pr. M. K.] . . . . „ 79
Fig. 4. Asaphus sp. Königsberg. [Pr. M. K.] . . . . „ 73
Fig. 5. Asaphus cf. aciculatus Ang. Spengawsken. [S. K. D.] . . . . „ 75
Fig. 6. Megalaspis gigas Ang. Westpr. [M. I. K.] . . . . „ 84
Fig. 7. Asaphus platyrhachis Steinh. Ostpr. [M. I. K.] . . . . „ 82
Fig. 8. 8a. Holometopus? gracilis n. sp. Marienwerder. [Pr. M. K.] . . . . „ 86
Fig. 9. Holometopus? laevis n. sp. Königsberg. [M. I. K.] . . . . „ 86
Fig. 10. Lichas Lindströmi n. sp. S l. Wehlau. [S. V. W.] . . . . „ 52
Fig. 11. Lichas aranea Lindstr. Marienwerder. [Pr. M. K.] . . . . „ 53
Fig. 12. Lichas illaenoides Nieszk. [Kopie nach Steinh., Taf. III, Fig. 7a.] . . . . . „ 43
Fig. 13. „   „   „   „   [Kopie n. Schmidt Rev. II, Taf. III, Fig. 30a.]
Fig. 14. Lichas aequiloba Steinh. [Kopie n. Schmidt Rev. II, Taf. V, Fig. 8a.] . . . „ 48
Fig. 15. 15a. Cybele rex Nieszk. 3. 1. Wehlau. [S. P. K.] . . . . „ 37
Fig. 16. Cybele revaliensis F. Schmidt. Königsberg. [Pr. M. K.] . . . . „ 34
Fig. 17. 17a. Cybele cf. Grewingki Fr. Schmidt (2 l.). Wehlau. [S. V. W.] . . . . „ 37
Fig. 18. Cybele sp. a. Königsberg. [Pr. M. K.]. . . . . „ 38
Fig. 19. Cybele revaliensis Fr. Schmidt. Westpr. [M. I. K.] . . . . „ 36
Fig. 20. a. b. Encrinurus punctatus Wahlbg. Wormditt. [Pr. M. K.] . . . . „ 40
Fig. 21. 22.   „   „   „   Königsberg. [Pr. M. K.]
Fig. 23. 23a. Encrinurus sp. Mewe. [Pr. M. K.] . . . . „ 40
Fig. 24. 24a. Encrinurus cf. Seebachi. Fr. Schmidt. Königsberg. [S. P. K.] . . . . „ 39
Fig. 25. 25a. Encrinurus obtusus Ang. Wehlau. [S. V. W.] . . . . „ 39
Fig. 26. Phacops sp. Ostpr. [M. I. K.]
Fig. 27. Proetus verrucosus Lindstr. Belschwitz. [M. I. K.] 54

POMPECKI: TRILOBITEN.

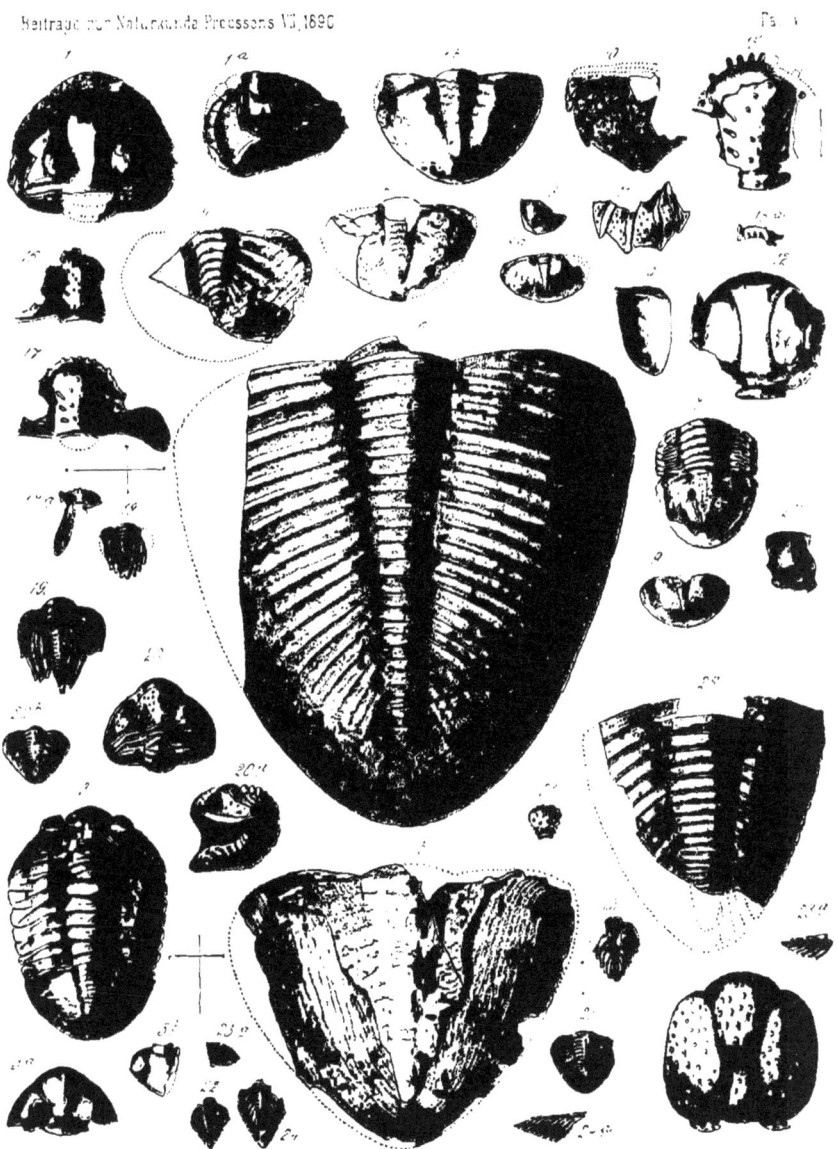

POMPECKI: TRILOBITEN.

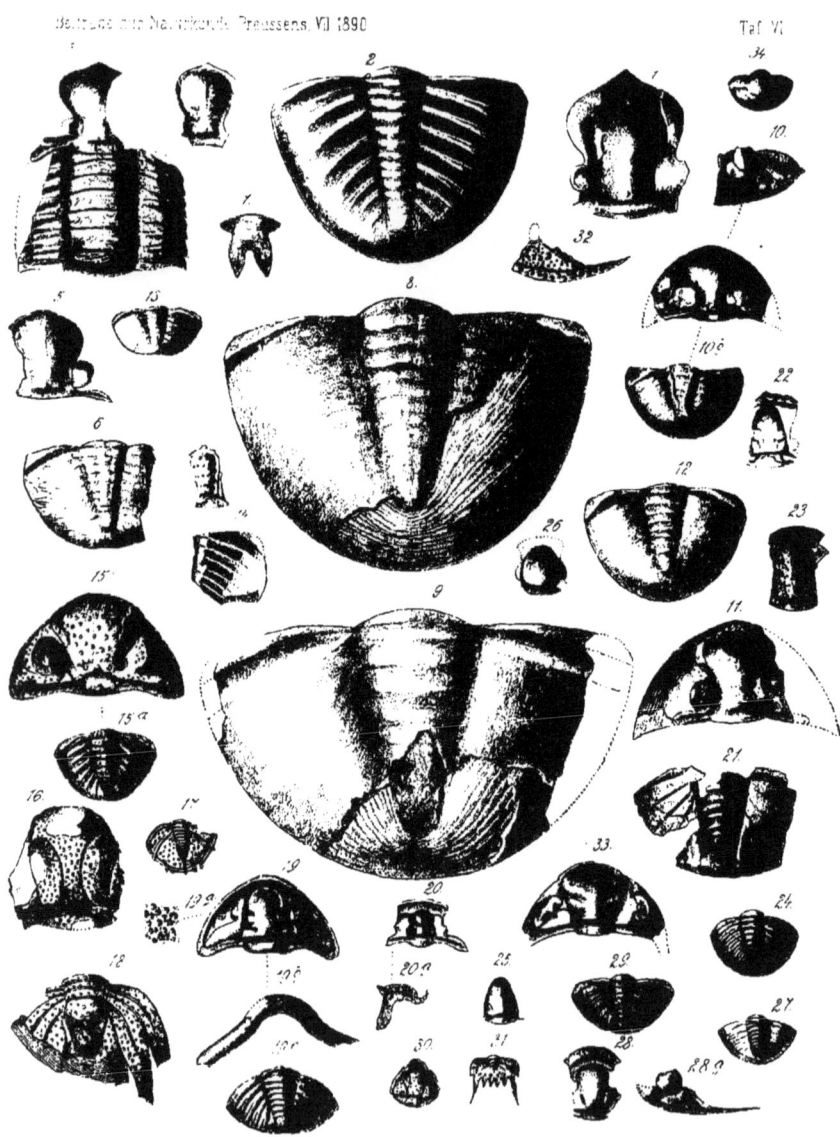

Erklärung der Tafel VI.

Fig. 1. Megalaspis limbata Boeck. Rosenberg. [M. I. K.] . . . . Seite 83
Fig. 2. Megalaspis planilimbata Angel. Braunsberg. [S. S. B.] . . . . „
Fig. 3. Asaphus ornatus n. sp. Ostpr. [M. I. K.] . . . . „
Fig. 4. „ „ „ Königsberg. [Pr. M. K.]
Fig. 5. „ „ „ Ostpr. [M. I. K.]
Fig. 6. „ „ „ Königsberg. [Pr. M. K.]
Fig. 7. Asaphus sp. Bischofswerder. [Pr. M. K.] 81
Fig. 8. Asaphus cf. platyurus Ang. Marienwerder. [Pr. M. K.] 82
Fig. 9. Asaphus devexus Eichw. Pr. Holland. [M. I. K.] 82
Fig. 10. 10a. 10b. Asaphus cf. raniceps Dalm. Königsberg. [Pr. M. K.] 72
Fig. 11. „ „ „ „ Marienwerder. [Pr. M. K.]
Fig. 12. Asaphus sp. [? latisegmentatus]. Marienwerder. [Pr. M. K.] 81
Fig. 13. Asaphus sp. Königsberg. [Pr. M. K.] 81
Fig. 14. Niobe sp. Königsberg. [Pr. M. K.] 82
Fig. 15. 15a. Phacops latifrons Burm. ? Braunsberg. [S. S. B.] 18
Fig. 16. Lichas Eichwaldi Nieszk. Belschwitz. [M. I. K.] 50
Fig. 17. Lichas Salteri Fletch. Gumbinnen. [M. I. K.] 43
Fig. 18. Lichas Plautini Fr. Schmidt. Ostpr. [M. I. K.] 46
Fig. 19. a. b. c. Calymene tuberculata Dalm. Marienburg. [Pr. M. K.] 40
Fig. 20. 20a. Calymene intermedia Lindstr. Belschwitz. [M. I. K.] 41
Fig. 21. Calymene spectabilis Aug. Wargitten. [Pr. M. K.] 42
Fig. 22. Proëtus signatus Lindström. 2 1. Pr. Holland. [Pr. M. K.] 54
Fig. 23. Proëtus distinctus n. sp. 2 1. Königsberg. [M. I. K.] 56
Fig. 24. Proëtus sp. 2 1. Königsberg. [Pr. M. K.] 57
Fig. 25. Proëtus sp. Belschwitz. [M. I. K.] 57
Fig. 26. Proëtus affin. concinno Dalm. 3 1. Königsberg. [Pr. M. K.] 55
Fig. 27. Proëtus concinnus Dalm. 2 1. Ragnit. [Pr. M. K.] 55
Fig. 28. 28a. Cyphaspis parvula n. sp. 3 1. Königsberg. [Pr. M. K.] 57
Fig. 29. Cyphaspis sp. 3 1. Pr. Holland. [S. Z. H.] 58
Fig. 30. 31. Acidaspis mutica Emmr. 2 1. Pr. Holland. [S. Z. H.] 53
Fig. 32. Encrinurus punctatus Wahlbg. Detmitten. Pr. M. K.] 40
Fig. 33. Phacops Odini Eichw. Ostpr. [M. I. K.] 22
Fig. 34. Illaenus uncalus n. sp. Ostpr. [M. I. K.] 69
Fig. 35. Cybele sp. b. 2 1. Belschwitz. [M. I. K.] 38